U0723919

创造历史的

siciens

13位
音乐家

qui ont fait

[法] 洛尔·多特里什 著　胡婧 译

l' histoire

中国出版集团　现代出版社

版权登记号：01-2021-6981

图书在版编目（CIP）数据

创造历史的13位音乐家 / (法) 洛尔・多特里什著；胡婧译 . -- 北京：现代出版社，2021.10
ISBN 978-7-5143-9418-4

Ⅰ . ①创… Ⅱ . ①洛… ②胡… Ⅲ . ①音乐家 – 生平事迹 – 世界 Ⅳ . ①K815.76

中国版本图书馆CIP数据核字(2021)第214094号

创造历史的 13 位音乐家

著　　者　[法] 洛尔•多特里什
责任编辑　姜　军
出版发行　现代出版社
地　　址　北京市安定门外安华里504号
邮政编码　100011
电　　话　(010) 64267325
传　　真　(010) 64245264
网　　址　www.1980xd.com
电子邮箱　xiandai@vip.sina.com
印　　刷　北京九天鸿程印刷有限责任公司
开　　本　880mm × 1230mm　1/32
印　　张　9.5
字　　数　150千字
版　　次　2022年1月第1版　2022年1月第1次印刷
书　　号　ISBN 978-7-5143-9418-4
定　　价　69.00元

谨 以 此 书 献 给 我 的 父 母

引言

窥探音乐名家背后的创作故事

众多令人仰慕的作曲家都曾被卷入动荡的历史大潮中。莫扎特、贝多芬、威尔第、德彪西、肖斯塔科维奇……若他们不曾经历其各自所属的纷扰喧嚣的时代，那他们创作出的作品就不会展现出我们如今看到的风格。只要聆听他们的音乐，几百年的历史沉浮就会再现眼前。我们似乎可以闻到法国大革命的气息，看到一个统治时期的辉煌，甚至感受到一个独裁政权的冰冷。一个又一个音符划过耳畔，我们仿佛回到了他们生活的年代，对他们当年的经历感同身受。音乐里蕴藏着令人意想不到的能量。我们当然可以单从艺术角度来欣赏这些作品，但无法否认：音乐家们也在乐谱中讲述着自己的信念，勾勒着周遭的社会百态，描绘着心中的理想世界。

莫扎特如果没有受到启蒙哲学的影响，他还能在离世前的最后几年谱写出传世佳作吗？吕利如果不是在路易十四的宫廷里度过了三十年，他还能成为举世闻名的音乐家吗？假如贝多芬没有受到革命思想的浸染，那他创作的交响曲还能有那般波澜壮阔之势吗？还有威尔第，假如其歌剧《纳布科》（*Nabucco*）中的合唱曲《飞吧，思想，乘着金色的翅膀》（*Va, pensiero, sull'ali dorate*）没有成为意大利独立的象征，那他恐怕会默默无闻地度过一生，永远也没有机会成为一流的作曲家。正如阿多诺[1]在《音型》（*Figures sonores*）中提到的那样："任何音乐（哪怕其个人风格再浓重）都不可避免地包含着一些受集体影响而存在的内容——每个单独的音符都在诉说着'我们'。"由此可见，音乐可以反映一个时代的社会面貌。

在我的印象里，不论是巴赫的颂赞曲，还是肖斯塔科维奇的交响乐，我一到可以聆听古典乐的年纪，就立刻感受到了其中蕴含的力量。后来，在高等学院的文科预备班，还有接下来的音乐专业学习中，我开始精准分析每部音乐作品的具体特征，以及每位作曲家的影响。这让我有了许多珍贵的发现。有件事令我甘之如饴，那就是剖析一章乐谱的每一个小细节：从主旋律到和声序列，甚至是一个不协和音！尼采认为，不协和音是痛苦在音乐上的表现，它包含着超越其自身的意义。换言之，我们可以对这种声音现象进行一种精神层面的解读。这不禁让人联想起音乐史上的好几部作品。以肖斯塔科维奇的《第七交

1　西奥多·阿多诺（1903—1969）是德国的哲学家、社会学家和音乐理论家。——译者注，下同

响曲》（*Septième Symphonie*）为例，这部作品中有一部分完成于 1941 年的列宁格勒——如今的圣彼得堡。当时，纳粹分子正在轰炸整座城市。后来，作曲家坦言他在创作时想到了德国法西斯的种种恶行，并进一步联想到了恐怖的各种表现形式。

当我聆听莫扎特的《小伙子漫游》（*Le Voyage du Compagnon*）时，一种感觉油然而生：音乐真的能让人嗅到一个时代的气息。鉴于这首小曲是他在加入共济会后不久写下的，我们不难想象当年的场景：二十八岁的莫扎特乘着马车，疾驰在维也纳的石砖路面上。夜幕降临，他终于赶到了一座宫殿的后厅（这里已被改造成了共济会会员的集会处），迫不及待地将这首纯净而迷人的乐曲分享给他最珍视的听众——共济会的兄弟们。七年后，共济会成为他生前最后一部歌剧《魔笛》（*La Flûte Enchantée*）的基石。

所有音乐家都在音乐里以自己的方式表达了态度。面对当权者，他们有的选择讨好，有的选择抵制。一些创作者成为黑暗政权的传声筒，比如理查·施特劳斯——身处纳粹时期的德国，他在忠于希特勒和保持音乐的独立性之间挣扎不已。可是，当音乐家们感到自己的自由受到威胁时，又会如何反抗呢？1914 年 8 月，法国作曲家德彪西由于无法代表自己的国家出战，便与德国音乐展开了一番较量：他决心谱写出最具法兰西民族文化特色的音乐。在苏联，自20世纪30年代中期开始，肖斯塔科维奇就一直被斯大林的阴影笼罩着，一时一刻都不得喘息。此外，历史的进程也迫使一些预感到暴风雨将近的音乐家颠沛流离：身为犹太人的阿诺尔德·勋伯格和库尔特·魏尔早在1933年就逃离了德国，并且再也没有回到故土。自流亡开始，魏尔先后到过法国和美国，至死都拒绝用德语来交流和写作。

这些乐章虽然不曾改变历史的轨迹，但也绝没有被忽视，有时甚至引起了国家高层的不适。这些乐章成为历史资料，正如米兰·昆德拉在谈论抒情诗时所提到的无与伦比的“记忆堡垒”。即使是一件已经完成的音乐作品，也依然在跟随历史的车轮前进。难道威尔第在逝世两百多年之后就不再是意大利统一的象征了吗？另外，审视音乐中所承载的历史也可以唤起我们对戈塞克等鲜为人知的艺术家的记忆。要知道，戈塞克曾为法国大革命中的各类事件谱写了大量作品。

回首音乐家们创作的那些与其时代相关的作品，我们会发现各种表现形式——歌剧、交响曲、康塔塔[1]、钢琴奏鸣曲等，这些灿烂的篇章就好比一个个面向世界的窗口。它们曾令一批又一批的听众心潮澎湃、欢欣鼓舞。这些音乐给了他们生活上

1　康塔塔是一种包括独唱、重唱、合唱及表演剧情的声乐套曲，一般包含一个以上的乐章，大都有管弦乐伴奏。

的启发，甚至帮助他们与自己的祖国达成了和解。大多数作曲家怀揣着这样的创作意图：写出让广大听众都能欣赏的音乐。他们非常清楚，只要采用一段由几个音符组成的简单旋律或一种讨喜的节奏，抑或加入一丝弦乐器的声音，听众就会喜欢。有时，音乐家们所处的时代会促使他们采取保守的创作风格。不过，当他们试图向乐谱里注入一种革命性或征服性的基调时，其风格上的转变就会格外明显。为此，他们会选用一种非正统的形式及和声，进而改变音乐史的发展进程。

那么，这些作品具体是在什么样的契机下诞生的呢？事实上，它们中的许多都是应一些富裕的支持者、音乐厅的管理者，甚至国家元首的要求而被创作出来的。说到这里，我们自然而然地想到了吕利。这位 17 世纪的法国音乐家在路易十四身旁侍奉了将近三十五年，其间没少在国王耳畔窃窃私语。从他华丽的编曲与和弦中，我们不难领略“太阳王”的威望。由于十分了解路易十四，吕利不仅能在音乐上投其所好，而且能用音符描绘出路易十四的政治色彩。到了战争或压迫时期，音乐不再单单是音乐，而被视作一种在混乱中依旧能够顽强生存的事物。在聆听者的耳中，它是解脱的声音。

所有这些作曲家都用音乐定义了时间的节拍。不论是身处凡尔赛宫的吕利，还是在生前最后七年全身心地投入共济会的莫扎特，不论是无奈被卷入纳粹主义的理查·施特劳斯，还是饱受斯大林迫害的肖斯塔科维奇，他们都通过自己时而明朗时而神秘的音乐，为那段展开在他们眼前的历史留下了一份宝贵而独特的见证。

目　录

1632
—
1687

让－巴蒂斯特·吕利

用音乐演绎王权

路易十四给予吕利的是信任，而吕利选择用他的一生来回报。他为这位年轻的君王着迷，于是致力于通过舞台表演来颂扬“太阳王”的英明统治。

▶ 推荐聆赏《阿尔切斯特》

𝄞

路易十四把统治国家看成是举行一场盛大的演出。当时的凡尔赛宫俨然成了欧洲最大的舞台，他在那里彰显着自己的威严和权力。为此，他需要一位能够将君权至上的精神搬上舞台的艺术家。这位“太阳王”将重任交给了让－巴蒂斯特·吕利（Jean-Baptiste Lully）。吕利的社会地位因此得到了空前的提升。为了取悦国王，他革新了音乐形式，法国歌剧由此诞生。

十四岁时，让－巴蒂斯特·吕利暗下决心：一定要尽早摆脱侍者这个低贱的身份。他当初离开佛罗伦萨可不仅仅是为了去教意大利语，尽管他的学生是大名鼎鼎的“大郡主”[1]——路易十四的堂姐。当时，他和其他仆人一起住在国王的大马厩旁边的一个小屋里。但他期盼拥有自己的公寓，而且越快越好！

---

1 “大郡王”即蒙庞西耶女公爵（1627—1693），本名安妮·玛丽·路易丝·德·奥尔良。

这个男孩很机灵，观察力强，学什么都快，非常快。他的学生住在杜伊勒里宫，他在那里见识到了音乐、舞蹈和法国的艺术风格。“大郡主”有专门的舞蹈老师和音乐老师为其授课，这些老师在王室奴仆等级体系中的地位，比他这个身兼意大利语辅导老师的侍者要高得多。吕利从中看到了提高自身地位的可能性。在很短的时间内，他陆续学习了吉他、小提琴和舞蹈，决心凭借自己的才华脱颖而出。他行事相当大胆，常常在一些有王室知名人士出席的社交场合表现自己。当他婆娑起舞时，他那娴熟的舞技和优雅的姿态往往会引得众人交头接耳、称赞不已；当他模仿某人或扮演小丑时，在场的王公贵族们又会乐得无法自持！吕利正在兑现自己许下的承诺——他不再是众多奴仆中的一个无名小卒。自来到法国，不出四年，年仅十八岁的他已经成了“大郡主”的六人小提琴乐团的指挥。自此，他终于可以开始自己的创作，并开创一种后世所谓的“经典法兰西风格”。

即使是陪侍在显赫的王室成员身边，吕利也并未能高枕无忧。1652 年秋，“大郡主”积极参加投石党运动[1]，企图与其他贵族一起争夺更多的权力。路易十四镇压了叛乱的贵族，其

1　投石党运动（1648—1653）是西法战争（1635—1659）期间发生在法国的一场反对专制王权的政治运动。

中包括“大郡主”。她虽身为国王的堂姐，仍然被迫流亡到乡村。这对野心勃勃的吕利而言，无疑是一记沉重的打击！他不能眼睁睁地看着自己就这样远离宫廷的奢华。由于不想分担这位蒙庞西耶女公爵的不幸，他请辞离开了。兜里揣着十五个埃居[1]，手里拿着一把小提琴，吕利重新回到了首都。鉴于自己正值跳舞的黄金年龄，他打算以芭蕾舞者的身份进入宫廷。

天知道吕利是如何进入卢浮宫的——想必是凭借着不屈不挠的精神，不断地走门路并四处求人才得到的引荐。离开失宠的“大郡主”后才三个月，这个满腔抱负的年轻人就回到了宫廷，并决心抓住这次机会出人头地。1653 年 2 月 23 日，卢浮宫里即将上演芭蕾舞剧《夜芭蕾》（*Ballet de la Nuit*），以庆祝路易十四在镇压投石党运动中取得的成功。吕利好不容易才争取到了伴舞的资格。尽管他在台上暗淡得如同别人的影子，而且要相继扮演牧羊人、士兵，甚至是瘸子的角色，但他将有幸与国王本人同台演出。没错，年轻的路易十四也会参演这出舞剧，因为他热爱舞蹈，每天都会花数小时来练舞。吕利孤注一掷：他出言建议国王穿上饰有金色辐射状条纹的华丽舞服，饰演希腊神话中的太阳神阿波罗。舞剧结束后，年仅十四岁的路易十四走到朝臣中间，宛如一轮冉冉升起的旭日，散发出君

1　埃居为法国古代钱币名。

王特有的威严。通过艺术手段，这位年轻的国王既确立了他在法国宫廷中的威望，又向其他欧洲国家展示了法国君主专制政体的光辉。“太阳王”即将诞生，而吕利迈出了加官晋爵之路的第一步。

自此以后，路易十四指名要吕利来当自己的舞伴。《夜芭蕾》过去仅六周，年仅二十岁的吕利就被任命为国王的器乐作曲家。他的成功引来了宫廷里部分人的妒火。只要有演出，吕利就一定到场，有时甚至分饰若干角色。他在路易十四身边时而扮演印度人，时而扮演埃及人，时而扮演年长者，时而扮演希腊神话中的美惠女神。在这些舞剧的剧评中，人们纷纷夸赞起他的模仿天赋。然而，吕利一心只想着利用舞台来烘托“太阳王”的伟大。为此，芭蕾舞剧变得更加奢华气派、靡丽高贵了。很快，路易十四一遇到有关舞蹈和音乐的问题，就会立即咨询吕利。毫无疑问，他已经赢得了国王的恩宠。可是，要想留住这份恩宠，他必须拼尽自己的最后一口气。

路易十四给予吕利的是信任，而吕利选择用他的一生来回报。他为这位年轻的君王着迷，于是致力于通过舞台表演来颂扬“太阳王”的英明统治。当国王把《相思病》（*L'Amour Malade*）这一整部芭蕾舞剧的编排任务托付给他时，吕利刚满二十四岁。尽管筹备时间很短，但这部作品于 1657 年 1 月 17

日在卢浮宫大厅上演时取得了巨大的成功。从舞剧的第一场开始，国王便随着吕利创作的音乐，以翩翩舞姿出现在众人眼前，这一幕在后来的岁月里不知重演了多少次。虽然吕利还只是一名初出茅庐的作曲家，但他的音乐已具备了某种魔力。每一个简单的半音化手法、每一个巧妙的调性转换似乎都在诉说一个君王的非凡魅力和磅礴气势。从 1653 年到 1661 年，这位来自意大利的年轻人所创作的一系列芭蕾舞剧逐渐提升了他在法国乐坛的影响力。至此，吕利虽未创造出新的音乐形式，却是第一个用音乐来诠释法兰西君主制的艺术家。

在参加王室管弦乐队的同时，吕利很快就从国王那里得到许可，组建起了他自己的“小提琴乐团”。在短短几周之内，这支由十名乐师组成的乐团就打响了自己的知名度。他们只为年轻的君主演奏，而吕利终于可以完全按照自己的想法来管理乐团了。他带领乐师们反复彩排，不断调整他们的运弓动作，以及每个谱架的高度和倾斜度，以求达到最佳效果。在三年内，他成了国王的御用作曲家，而且是法国当时颇受欢迎的舞者之一。此外，他还出演戏剧，用滑稽的方式模仿意大利即兴喜剧中的人物来逗乐观众。自从有了自己的乐团，吕利在王室乐团内部的等级制度中越来越有话语权了。

1660 年 6 月 9 日，年轻的法国国王即将迎娶一位西班牙公主——人称“奥地利的玛丽－泰蕾兹”，全国一片欢腾。枢机主教马萨林委托意大利作曲家卡瓦利创作一部名为《坠入爱河的赫丘利》（*Hercule amoureux*）的歌剧。同时，他也请吕利编写若干首可穿插在歌剧中的舞曲。为此，杜伊勒里宫里建起了一座剧院，即一间能够容纳六千名观众的巨型表演厅。但由于剧院的施工进度有所延迟，再加上枢机主教马萨林在中途不幸离世，原定的歌剧不能在王室婚礼举行之际如期上演。最终，人们决定将卡瓦利于六年前写成的另一部歌剧搬上舞台。为彰显法兰西君主国的荣耀，所有外国使臣都被邀请来观剧了。吕利才不甘心错失这个表现自己的机会呢！每到幕间休息，他便上台跳舞：一会儿在一群医生中间扮演小丑，一会儿又成了舰船上的司令……吕利的表演受到了观众的热烈好评。演出结束后，人们全都在谈论他的舞蹈，而把卡瓦利的音乐全然抛诸脑后了。

吕利比任何人都更有办法为法兰西君主争光，若不重用这样一位音乐家，那岂不是国家的损失？在柯尔贝尔[1]的建议下，国王于1661年将吕利任命为“皇家音乐总监”。从此，吕利成了那个有权在法国乐坛发号施令的人。这位杰出的音乐家很快就显示出了极强的领导才能——他强制手下人遵守他的一套

1　让－巴蒂斯特·柯尔贝尔（1619—1683）是法国政治家、国务活动家。

规定。比如，凡是未经他许可的音乐作品，任何人都不得擅自演唱。二十九岁的吕利心里只有一个念头，那就是趁着目前的有利形势继续扶摇直上。然而，他的官途上有一个阻碍——他的意大利国籍。

只有成为法国人，他才有希望和宫里的贵族平起平坐。几周之后，他便收到了“入籍法令”。在证明他入籍的文书中，吕利的名字“Lulli”依旧保留着意大利语的写法，但法国政府非常赞赏他的忠诚——信里特别提到了他想要成为陛下的“真正天然的臣民”的愿望。不过，入籍未能改变他浓郁的佛罗伦萨口音。而后，在 1661 年 12 月，吕利开始改用法语化的名字“Lully”。

吕利的名气越来越大，他的生活也愈加奢华。除舞蹈和作曲方面的才能外，他还特别有商业头脑，投资理财的收效甚佳。他把资金投进了不动产，准备在巴黎的圣罗克高地上建起一座私人豪宅。此外，他还懂得使用多元化投资的策略，靠收租获得了一笔额外收入。吕利自己定租金、签订合同、谈判借贷事宜……他处理这些事务的才能一点也不亚于他在音乐创作上的天赋。他很擅长抓住一切机遇，就连婚姻也不例外。1662 年 2 月 24 日，吕利娶了蒙庞西耶女公爵的乐长之女马德莱娜·朗贝尔（Madeleine Lambert）。不过，他娶的主要是对方那笔高达两万利弗尔[1]的嫁妆！结婚契约下方的一个个签名见证着一个来自佛罗伦萨侍者的飞黄腾达——要知道，法国王后、王太后“奥地利的安娜”以及“太阳王”本人都在上面签上了自己名字的缩写。在这么多重要人物的支持和见证下，这场婚姻必定是多子多福的！几年后，吕利就与妻子有了六个子女。

对路易十四而言，统治法国和举办宴会是一回事。这位君主无意与任何人分享他的权力和威望。1664年，他决定在凡尔赛宫内举行一场盛况空前的庆祝活动。为了这个万众瞩目的时刻，一切都必须尽善尽美。话说，路易十四对三年前财政大臣富凯让他当众蒙羞之事一直耿耿于怀。当年，富凯邀请了包括国王在内的许多宾客到自己的沃勒维孔特城堡参观，晚上不仅为众人提供了一顿饕餮盛宴，还让大家欣赏了莫里哀和吕利共同创作的第一部芭蕾喜剧，剧中甚至插入了令人难忘的烟火表演。路易十四不甘心被自己的臣子盖过风头，于是在三周后把富凯关进监狱，然后命人扩建了凡尔赛宫。正因如此，国王才会于1664年春天宣布举办一场为期三天的盛大庆典——“魔法岛的乐趣”。这在历史的进程中留下了流光溢彩的一瞬。

凡尔赛宫成了统治者彰显荣耀的工具。路易十四把全国最

1　利弗尔是法国古代的一种货币单位名称。最初，一利弗尔相当于一古斤白银，后来其价值随时代和地区不同而变化。

有才华的艺术家都揽到了自己身边：勒诺特尔负责园林规划，勒沃负责建筑设计，莫里哀负责写剧本，而吕利则负责编曲。路易十四既喜欢吕利，也很欣赏莫里哀。为了迎接这场即将到来的盛大庆典，国王让他们二人联手编排一出融戏剧和音乐为一体的新型表演。这对两位才华横溢的艺术家而言简直是求之不得的机会！最终，他们决定进一步发展不久前已经尝试过的艺术形式——芭蕾喜剧。毕竟当时还没有任何人真正了解这种舞台表演形式。

数百位宾客齐聚凡尔赛宫。他们置身于花园的壮丽景色中，在花圃、树丛，甚至人造洞穴的环绕下，享受着一场又一场的宴会和音乐会。院子里，三千多个试图进入宫殿的人被守卫拦了下来。到了夜晚，人们点燃火把，并布置起餐桌。两位同样名叫“巴蒂斯特”的艺术家——吕利和莫里哀，即将呈现他们一起完成的作品——《伊利斯的公主》（*La Princesse d'Élide*）。这无疑是 17 世纪最令人惊叹的剧作之一。

鉴于风俗喜剧和闹剧并不适合这种新式宴会，吕利和莫里哀笔调一转，采用了其他创作手法。《伊利斯的公主》的故事情节以狩猎为背景展开，但这还不是唯一让人惊喜的地方。在这部时人闻所未闻的芭蕾喜剧中，一幕幕戏剧场景中穿插着音乐和舞蹈：音乐和台词第一次融合到了一起。吕利改变了作曲方式，开始遵循莫里哀的诗句来谱曲。莫里哀混合诗歌和散文，使带伴奏的语句更加流畅，更适合像歌词一样被演唱出来。吕利将一些演唱曲融入情节。不过，他最大的创举是运用了宣叙调：角色以自然的方式将台词演唱出来，就像在朗诵一样。从来没有人听过这样的音乐，这便是法国歌剧的萌芽。

在与莫里哀合作了一部又一部作品后，吕利的音乐渐渐褪去了浮夸的风格，听起来更贴近口语了。同时，他也让合唱团担任起了更重要的角色。吕利创立了法国歌剧的经典形式：五幕剧加上开场的序幕或芭蕾舞。可是，两个问题仍然困扰着他——怎样才能使国王更加满意呢？怎样才能让国王相信他永远都是无可取代的呢？没有别的办法，他必须笔耕不辍地进行创作，为一年中的所有重要活动谱曲，尤其是礼拜仪式，因为路易十四及王太后“奥地利的安娜”对此相当重视。

为此，吕利开始潜心编写宗教题材的作品。他创作的大经文歌《求主怜悯》（*Miserere*）可谓备受推崇。这部作品被演绎了好几次，而经文歌作为一种由若干个旋律叠加而成的声乐作品，迅速成了当时流行的音乐形式。五年后，也就是1668年，王室即将为六岁的王太子举行洗礼仪式，吕利准备趁此机会向众人呈现一首新的经文歌。国王命人在圣日耳曼昂莱城堡建造了一个剧场楼厅和几个池座，还在祭台两侧分别设立了装有金色栏杆的专席：一个为国王而设，另一个则为吕利而设——他将站在那里面对着他的乐队打拍子。仪式举行当天，一首名为《战斗吧，伽里亚》（*Plaude laetare Gallia*）的大经文歌首次在听众耳边响起，视听效果令人叹为观止。吕利在这首曲调欢快的作品中施展了自己所有的音乐才能：对位法、和声学规则等。自从有了吕利的介入，神圣音乐不再局限于无伴奏合唱这一种形式。由大型合唱团和管弦乐队联袂演绎的新式经文歌十分前卫，完美地迎合了年轻君主对其统治的定义。至此，大经文歌也成了绝对王权的一种表现形式。不可否认，吕利似乎有“点金术”，凡是他接触过的音乐体裁都能绽放出耀眼的光彩。

吕利或许在想，国王的耳边必须从早到晚都环绕着他的音乐，而不是其他音乐家的音乐。因此，他谱写了《为国干睡前时间而作的三重奏》（*Trios pour le coucher du Roi*），以便路易十四在他的私人空间里尽情享受这些为其量身打造的乐曲。吕利的策略非常奏效，他成功地排除了自己的竞争对手，比如夏庞蒂埃、拉朗德等，每一位都是当时有头有脸的音乐家。

路易十四在位期间，每逢任何标志性的事件，编曲的重任总会落到吕利身上。1671 年 5 月，整个宫廷的大臣们都随国王来到了敦刻尔克。沃邦[1]在此地主持修建的防御工事即将竣工，国王此次前来正是为了验收工程。不久，敦刻尔克就将成为一个难以攻陷的堡垒，而英国贵族也将穿越英吉利海峡前来道贺。吕利负责用隆重的音乐来演绎这一历史事件。他是个聪明人，无须赘述，就能了解国王的心意，知道什么样的音乐最能让国王满意。更夸张的是，吕利总能领先一步，似乎能够预感和猜测到未来的事。当时，敦刻尔克还不是路易十四实施对外征服计划的主要军事港口，但吕利却谱了一首颇具战争意味的乐曲。他编排了一出名为《普绪喀》（*Psyché*）的芭蕾悲剧，这是他的最新作品。吕利极大地增加了这部剧的参演人数，目的是为这次验收营造出一种英雄主义的宏大氛围。七百名鼓手置身壕沟外护墙的上方，而演奏短笛、双簧管和小号的乐手则置身壕沟之中。作为整场演出的压轴戏，吕利征用的八十门大炮将在最后一个和弦响起时陆续发射，以求在作品结尾处更完美地体现战神马尔斯的好战性格。表演落幕后，国王再一次被征服了。

然而，路易十四的生活发生了令人意想不到的转变——他决定停止跳舞。他最喜爱的舞蹈艺术在技术层面上发展到了新的高度，这使得他无法再企及专业舞者的水平。为了避免受辱，

1　塞巴斯蒂安·勒普雷斯特雷·德·沃邦（1633—1707）是法国元帅，也是杰出的防御工事专家。

他宁可放弃跳舞。国王的这一决定听起来像是给宫廷芭蕾舞判了死刑，而吕利不得不接受现实。与此同时，活在吕利的阴影之下的法国其他音乐家仍在继续着自己的事业。作为吕利的竞争对手之一，皮埃尔・佩兰（Pierre Perrin）已在几个月前获准在巴黎及法国其他城市创办音乐学院，并在那里呈现一些声乐作品。这个看似普通的事件将对音乐史产生至关重要的影响，因为没过多久，佩兰就因缺乏经商天赋而负债累累，最后锒铛入狱了。

吕利打算趁此机会成为法国歌剧的唯一领导者。1672年3月13日，国王授予了吕利一份专利证书，该证书规定了他在歌剧方面的专利特许权。从今往后，他可以摆脱莫里哀独自经营歌剧产业了。吕利就这样毫无顾忌地背叛了自己的老搭档——只要是莫里哀为他俩合作的作品所写的诗句，其使用权都归吕利所有。另外，在全国范围内，未经吕利的同意和书面许可，任何人都不得擅自组织声乐作品的表演；凡是动用了两名以上乐师的剧院都必须向吕利支付一笔特许权使用费；还有一项法令禁止在全国范围内雇用超过六名演唱者和十二名乐器演奏者。如果把吕利的仕途比作一盘国际象棋，那么阻挡他前进的棋子都被一一清除了。

吕利还从未用音乐诠释过路易十四的战士形象。他常常从国王本人的嘴里听到这样一句话：战争是所有美德之首，一切荣耀都必须通过武器来获得。1673 年，国王在佛兰德斯[1]地区打了五个多月的仗，整整一百六十六天都是在马背上度过的。于是，吕利又有了新的任务——用音乐把他的陛下塑造成一位主宰战争与和平的神祇。作为一名出色的战略家，吕利非常清楚：要想取悦路易十四，他必须呈现一个在战斗中神采飞扬的国王，而不是一个在围攻战中消极等待敌人投降的国王——就像一些宫廷画师在他们的画中所描绘的那样。为此，他创作了一部名为《阿尔切斯特》（*Alceste*）的歌剧。在一串忧郁的文字和一段引人生怜的小调音乐中，观众仿佛听到了一位宁芙仙女的哀怨诉说——她在苦苦等待她的英雄归来。接着响起了一首进行曲，伴随着鼓声和小号声，象征荣耀的大力神从云中缓缓降落。整部剧透过五位神明渲染了路易十四的形象，他们分别是海王尼普顿、战神马尔斯、太阳神阿波罗、冥王普鲁托，以及最后凯旋的大力神赫丘利。

谁能想到，最会捕捉法语音韵的各种微妙之处、最擅长为法语诗文谱曲的竟是一位意大利裔的音乐家！尽管这听起来很不可思议，但吕利确实做到了。在很长一段时间里，他每年至

1　佛兰德斯，欧洲历史地区名，位于今法国西北部、比利时西部和荷兰南部，临加来海峡（多佛尔海峡）。

少写一部芭蕾舞剧，此外还创作了许多深受国王喜爱的战争主题歌剧。最让他得意的一部作品是《阿蒂斯》（*Atys*），它是为数不多的几部国王能哼唱出来的歌剧之一。其序幕讲述的是路易十四从奔赴战场到凯旋的经历，歌颂了国王的光辉战绩。这一回，吕利再次潜入了君王的幻想世界。他设法让国王沉浸在主人公的角色中，让国王在歌剧情节里看到了现实生活的投影。对爱情无动于衷的阿蒂斯俨然就是国王本人，而国王似乎也毫不费力地从西布莉的角色中看到了他的王后，从宁芙仙女桑加里德的角色中看到了他的情妇曼特农夫人。

吕利什么都可以说，什么都可以做，什么都可以拥有，因为他已在服从和利用国王之间找到了平衡点。为了巩固自己的权力，吕利萌生了成为贵族的念头。几年来，他一直在努力使自己看起来像一个绅士，然而宫里的人并不是傻子：每个人都了解他的过去，知道他出生在意大利，并且是一个磨坊主的儿子。要想摆脱这些嘲笑和挖苦，吕利只有一个办法——成为国王的私人秘书。有了这个头衔，他就能直接获得自己渴望已久的社会地位了。为此，他必须等待某位参事离世而空出一个职位来，而且要想办法说服国王赐予他这个恩典。1681 年，在圣诞节过去后的第五天，吕利迎来了事业的巅峰：他被允许以六十万利弗尔的价格买下私人秘书的职位。尽管国王身边的众多参事都极力反对，但吕利还是获准在其姓氏前加上代表贵族出身的介词“德”（de）——“吕利先生”从此变成了“德·吕利先生”。有了佛罗伦萨贵族后代的身份，他终于可以和宫廷里的其他显贵分庭抗礼了。

由于深受路易十四赏识，吕利开始声名远扬。好几个国家的知名人士都想结识这位令“太阳王”青睐有加的杰出人才。他们甚至要求亲自见见这位音乐家，以便向他讨教一些专业上的知识和技巧。几年前，年仅十七岁的英国作曲家汉弗莱曾被英国国王派到法国，跟在吕利身边学习。出生在法国萨瓦省的德国作曲家穆法特也在巴黎学习了六年，以研究法式芭蕾舞音乐的演奏方法。吕利的乐谱在欧洲广为流传。在荷兰，出版商们对路易十四钟爱的剧作尤为感兴趣。他们中的一位在阿姆斯特丹印刷了由吕利谱曲的歌剧剧本；还有一位出版商则把自己收集到的吕利所有的乐谱（更准确地说，是吕利侍奉法国国王以来所写的作品）悉数印刷成册，以供其他音乐家鉴赏研习。

为效仿凡尔赛宫，德国的好几个宫廷都大肆举办各式庆典和烟火表演，奢靡至极。另外，人们对法国的音乐剧目也十分追捧。1684年，在勃兰登堡选帝侯与汉诺威公主大婚之际，吕利的《普绪喀》被原汁原味地搬上了舞台，就连舞蹈和布景都一律按照原版的形式来呈现。其他一些德国宫廷则点名要欣赏吕利的抒情悲剧。每次上演歌剧时，演员们都用法语献唱，为方便观众理解，他们会用简短的德语来概括剧情。如此一来，每个人都可以了解到：这些音乐旨在赞颂路易十四的荣光伟绩。

一转眼，吕利在音乐界叱咤风云已有近三十载了。但在 1685 年 1 月，吕利却因陷入一桩丑闻失去了国王的宠爱，这次事件给他带来的打击是致命的。1 月 8 日晚，路易十四观看了吕利最新创作的一部歌剧。但相比平时，国王表现得兴致索然，因为他刚刚收到一封来信，信里称吕利与他的一个男仆（一个十三岁的男童）有不正当关系。这件事的性质很严重：一位宫廷音乐家被指控在自己家中诱奸未成年人。才几个小时，谣言就在宫里传开了，但众人却并未对此感到惊讶。吕利的作风早已人尽皆知：长久以来，他一直都是个行为放荡的人。除了宠幸家仆以外，他还和宫里的一些同性恋者有染，其中几位甚至与路易十四的关系十分密切，比如国王的亲兄弟。然而这一次，国王不打算再听之任之了。吕利虽然逃过了牢狱之灾，但再也不是国王面前的红人了。

所有那些有心陷害他的人都趁此机会落井下石。要知道，宫廷里的好些贵族一直都无法接受吕利成为他们中的一员。他们仍公然地称呼他为巴蒂斯特，对他们而言，他永远都只是一只蝼蚁、一个侍者、一个艺人。不过，借丑闻一事大肆抨击吕利的主要还是那些笃信宗教的人。自从心系宗教的曼特农夫人秘密地成了国王的第二任妻子后，这些人在凡尔赛宫的势力已变得不可小觑。

吕利虽保住了职位，但越来越被孤立了。他期待国王的目光能够再次落到自己身上。1686年2月，他请求国王能够聆听一下他新近完成的一部抒情悲剧《阿尔米德》（*Armide*），但路易十四却表示自己不想在凡尔赛宫听到这部作品。尽管吕利曾带领乐团在王太子妃的候见厅里私下演绎过该作品的一些片段，但国王并未到场欣赏。这是吕利生平最受赞誉的一部杰作，可惜国王永远都不会看到。万般无奈之下，吕利只好在献给国王的题词里表达自己的绝望："陛下，我这么尽心竭力、火急火燎地为您筹备新的音乐会有什么意义？您甚至都没能聆听这些作品，您唯愿您的人民能够从中取乐。可是陛下，我只想把我所有的经典之作都奉献给您。"吕利没想到的是，他这辈子再也没有机会出现在国王面前了。

1686年秋，国王病倒了。在此之前，路易十四罹患肛瘘已有数周之久。三个月后，为庆祝国王痊愈，全国上下几乎所有的教堂里都响起了《感恩赞》（*Te Deum*）。吕利不想错过这个能让路易十四想起自己的机会，于是自掏腰包，大张旗鼓地组织排演了《感恩赞》。这部作品是他十年前为其长子的洗礼仪式而创作的，而路易十四就是这个孩子的教父。不过吕利认为，为了庆祝国王的康复，他必须以更加盛大隆重的方式来演绎这首大经文歌。

吕利于 1687 年 1 月 8 日在圣奥诺雷街的斐扬神父教堂中举办了一场以“庆祝国王恢复健康的感恩赞”为主题的音乐会。一百多位合唱团成员整齐而立，五十名器乐演奏员占据着乐队席。在巴黎民众的心里，吕利的名望并未受损，他的音乐才华依旧让人为之着迷。尽管音乐会要到傍晚才正式开始，但从上午十点起，就已经有数十人前来预订座位了。祭台上摆放着两顶镶嵌着宝石的王冠，一盏盏枝形吊灯、一个个枝形烛台照亮着教堂。那天，吕利用一根手杖来打拍子，这可能是为了更好地展现出他的满腔热忱。他来来回回地走动，不时做出夸张的手势。他是想借此表达自己的某种急躁或愤怒之情吗？没有人说得清楚。总之，伴随着他的指挥动作，手杖一记又一记狠狠地敲打着地面。由于动作幅度过大，他失手将手杖重重地砸向了自己的脚趾。一瞬间，剧痛袭来，手杖几乎把他的肉都刺穿了。人们没有别的办法，只能把医生请了过来。几小时过后，医生建议他切除小脚趾。想到自己曾是一名出色的舞者，吕利把自己的腿脚看得比什么都重要，于是拒绝了医生的提议。

吕利虽然为国王献上了一出《感恩赞》，但还是于 1687

年年初失去了自己的剧院。路易十四甚至命令他带着乐团离开皇家宫殿。在几周之内，坏疽沿着他的腿向上蔓延。医生先是建议他切除脚掌，之后又建议切除整条腿。吕利看遍了巴黎最好的外科大夫，可他一次又一次地拒绝了医生提出的治疗方案。

1687 年 3 月，吕利的生命即将走到尽头，一位神父来到了他的家中。神父表示，如果吕利不对自己腐化堕落的一生表示忏悔，就不为他施行临终圣事。神父要他承诺烧毁他正在创作的抒情悲剧《阿基里斯与波吕克塞娜》（*Achille et Polyxène*）的乐谱，以证明他是真心为自己过去写下的歌剧而感到懊悔。此外，神父还要求他永远都不再写歌剧，而且当天就发誓停止一切创作。病入膏肓的吕利根本无力反抗，于是承诺放弃歌剧，并且从此以后会虔心向上帝祈祷。神父把吕利的几位亲属以及教区的几名成员都请到了房间里。在众人的见证下，吕利祈求上帝原谅他所犯下的罪过。然后，他指向了一个抽屉，那里面存放着《阿基里斯与波吕克塞娜》的乐谱。听完这番忏悔后，神父带着乐谱离开了。

吕利一生都热衷挑衅，放荡不羁。像他这样的人会轻易被说服并诚心悔改吗？恐怕不会。待身体状况稍有好转，他便轻率地向他的男性伴侣们透露了一个秘密——早在乐谱被神父带走之前，他便把一份抄本藏在了自己的床垫底下。后来由于病情恶化，吕利再次卧病在床，并写下了有生之年最后一首曲子。这是一首五声部卡农曲，名为《罪人，你终将走向死亡！》（*Il faut mourir, pécheur, il faut mourir*）。这首作品看似充满了对宗教的虔敬，其背后却再次隐藏了作曲家的真实个性。实际上，该作品在风格上模仿了另一首更加世俗的卡农曲，而且原曲的歌词污秽不堪……

1687 年 3 月 22 日早晨七点多，吕利在他的乡村庄园里去世了，享年五十五岁。该庄园位于主教城[1]的马德莱娜堂区，即现巴黎市布瓦西 – 丹格拉斯街附近。三个星期后，御前参事们举行了一个集体仪式来悼念他们的同僚。路易十四既没有参加葬礼，也没有出席追悼仪式。吕利至死都没能重新赢得国王的恩宠，甚至在临终前都未能见他的陛下最后一面。从那以后，法国的剧院又可以自由演绎音乐作品了，而无须再向这位昔日的宠臣支付任何费用。

吕利与法国国王的这段三十年的情谊并非雁过无痕。有传说称，路易十四在风烛残年（七十六岁）时，曾凭记忆哼唱起《快乐的芭蕾舞》（*Ballet des Plaisirs*）中的一首小步舞曲。该曲为吕利所作，六十年前，年轻的国王曾伴着它翩翩起舞。

1　主教城本是巴黎以西的一个小村庄，于公元 6 世纪发展成形，公元 7 世纪时被赐予巴黎主教，故得名“主教城”。该城已于 1722 年并入巴黎市。

1685
—
1750

约翰 – 塞巴斯蒂安 · 巴赫

循着路德的足迹

在其乐谱手稿的结尾，巴赫几乎总会签上三个字母——“S. D. G.”，即拉丁文“Soli Deo Gloria”的首字母缩写，意思是“一切荣耀归于上帝”。

▶ 推荐聆赏《b 小调弥撒》

马丁·路德（Martin Luther）于16世纪发起了宗教改革运动，这也成为在宗教文化历史上引起巨大轰动的事件之一。改革导致教派分裂，进而引发了三十年战争。路德的影子伴随着巴赫的一生：他的作品中有一半以上都是为路德宗创作的，其中包括两百首康塔塔。凭借这种信仰，巴赫将谱写出有史以来最美妙的音乐。

在德国的图林根州有一个名叫爱森纳赫的小山城。在该城的一座教堂里，巴赫“邂逅”了路德。他们二人虽相隔两个世纪，却都参加过这座教堂的童声唱诗班。也是在这座教堂里，巴赫爱上了管风琴——他最偏爱的乐器；而路德被教皇逐出教会后曾在这里布道施教。童年时代的巴赫和路德读的是同一所学校，即教堂附属的拉丁语学校。在巴赫七岁入学那年，校园里随处都可以感受到路德留下的影响。音乐——尤其是声乐——占据着教学的核心位置，其次是阅读、写作和算术，最后才是自然科学、拉丁语、希腊语和历史。对路德而言，音乐的作用是使《圣经》的经文变得更富感染力，使福音书的字字句句都能传到人的心灵深处。这让巴赫更加坚定了他对艺术道路的选择。年轻的巴赫深知自己将倾尽毕生的才华来赞颂上帝的荣光。

两个世纪前，在俯瞰全城的瓦尔特堡里，一个名叫路德的德国僧侣发起了宗教改革。他希望永远改变人们看待信仰和人类的方式。当时，罗马教廷掌握着真正的权力，教皇对宗教、政治和文化方面的问题有着巨大的影响力。路德无意颠覆罗马教廷的统治，只想革新教会，拉近人民与上帝之间的距离。但由于他坚称普通信徒可以通过音乐与造物主直接对话，而且一再鼓动信徒用德语（民族语言）来做祷告，因此最终威胁到了教皇的权威和天主教会的存在价值。于是，路德于1521年被革除了教籍。

而后，这位肩膀宽大、下颌前突的僧侣来到了爱森纳赫。在萨克森选侯的保护下，路德整日待在瓦尔特堡的一个小房间里，花费两个月的时间将《圣经》译成德文。在此之前，人们读的《圣经》都是用希腊语或拉丁语写的。此外，路德还谱写了一系列众赞歌（用于伴随礼拜仪式的圣乐）。不久，参加弥撒的信徒们就可以在管风琴的伴奏下齐声高唱这些歌曲了。众赞歌朗朗上口又便于记忆，是帮助路德传播其信仰的最佳艺术形式。几十年间，一首首众赞歌逐渐汇集成册。不知不觉，新教会已拥有数百本宗教唱诗集了。两个世纪后，当巴赫听到路德的作品时，众赞歌的数量已超过五千首，这其中除了路德的作品，也有一部分为其信徒所作。从此，巴赫对路德的崇拜到了痴迷的地步。

爱森纳赫北部有一座叫米尔豪森的老城。一天，这座老城的教堂里又响起了悦耳的管风琴声。巴赫坐在管风琴旁，神情严肃，目光澄澈，一副全神贯注的模样，他的身体纹丝不动。键盘上，他那双半拢着的手也一动不动。这双手微微抬起，只有手指末端的指节接触到了琴键。此时正值 1707 年 4 月，二十二岁的巴赫还是个血气方刚的小伙子，他在演奏他早期的几首教堂康塔塔作品之一。该作品是基于路德撰写的七句赞美诗创作而成的，其歌词源自宗教改革初期的一首众赞歌。巴赫希望凭借此曲谋得市镇管风琴师一职，该职位已经空缺数周了。由他重新谱曲的这首路德的赞美诗名为《基督躺在死亡的枷锁上》（*Christ lag in Todesbanden*）。

序曲的一串音符立刻让听众沉浸到了耶稣基督复活前的黑暗氛围中。这是巴赫第一次通过音乐来表现死亡，每当唱词中提到“死亡”时，他都会在乐曲中采用阴沉抑郁的半音阶。随着乐曲的推进，数把小提琴齐声协奏，一同宣布基督的到来。

这是巴赫第一次尝试用音乐来叙述一个故事，但其作品已经透露出了一种与生俱来的成熟气质，听起来自然流畅。第一条旋律线出现后，另一个声部便开始以协和音程对既有旋律进行重复。这种被称为“对位法”的作曲技巧已被巴赫运用到了炉火纯青的地步。各个声部相互交织，仿佛是上帝在喃喃细语——巴赫的音乐总给人一种既复杂又自然的感觉。

从童年时代开始，巴赫就以对待科学一般的严谨态度学习音乐知识。他的那股韧劲早已不是秘密。在家里，他的一个哥哥收藏有一本关于键盘音乐的书籍，里面都是那个时代的大师之作，不过这本书被锁在一个装有网状金属门的柜子里。这并不足以让求知欲旺盛的巴赫死心。凭借自己的一双小手，他竟成功地穿过柜门上的网格把书里的每页纸都卷成了小卷，然后将它们一一取出。连续好几个星期，每到夜深之时，他的家人都上床睡觉之后，巴赫就会借着月光抄写书里的内容，一个音符接着一个音符，一丝不苟。几个月后，这本“音乐宝典”终于完完全全地到了他手中。他那永不枯竭的音乐想象力是不是在一次次誊抄乐谱的过程中渐渐萌芽的呢？后来，少年时期的巴赫决定去聆听布克斯特胡德及其他一些当时著名的管风琴师的现场演奏，即便要沿着布满石子的道路徒步跋涉三百公里，他也毫无怨言。有了丰富的知识储备，巴赫已然做好准备去迎接音乐生涯的各种挑战了。

以巴赫的才华，征服米尔豪森市议会的成员简直绰绰有余。当他们于 1707 年第一次听到巴赫演奏时，是否意识到了自己正面对着一位能够熟练地运用赋格技法和对位法的作曲大师？我们无从知晓。但毫无悬念的是，巴赫轻而易举地获得了城市主教堂的管风琴师一职。

每个周日，巴赫都会去教堂演奏管风琴，以求把上帝的声音传递给信徒。路德强调过，上帝的话语并不是一段文字，而是一种能够感化听众的声音。信徒们从小就对宗教康塔塔的曲目耳熟能详，一听到旋律，他们便能唱出歌词。巴赫严格遵从路德的教义。对他而言，即使信徒们无法体会其音乐的内在复杂性也无关紧要，他最注重的是：堂区的每一位教民都能够毫无障碍地演唱他的作品。

然而，没过多久就有信徒感到不满了，他们觉得巴赫的管风琴伴奏是一种干扰。这位狂热的音乐家在演奏时加入了一系列奇怪的变奏和令人意想不到的和弦，因而打破了原有的习惯。人们提醒他要规规矩矩地演绎宗教音乐，要求他在处理转调时必须从原调逐渐过渡到新调，不要过度彰显个人风格。这在米尔豪森引起了一番争论。某些信徒更希望维持传统的清唱方式，因为这样既简单又严肃，而且不会打扰他们的冥想。面对种种限制，像巴赫这样的音乐家能忍受多久呢？他不能眼看着这种情况持续下去，他必须维护自己的声誉，毕竟他的事业才刚刚起步。于是，入职刚满一年，他就毫不犹豫地辞职了，因为他确信在其他地方可以获得更多的自由。

果然，巴赫找到了更好的工作——在魏玛宫廷担任管风琴师一职。其年薪为一百五十弗罗林[1]，比在米尔豪森时多了近一倍。如今，巴赫的身影流动在各个宫殿的水晶吊灯下。他可以任意使用城堡中的小型管风琴，这架琴的脚踏键盘让他特别满意。但最重要的是，他可以与魏玛宫廷乐团合作，可以与该乐团的十四名乐师一起尝试新的风格。巴赫打听过了，魏玛王储威廉是一位虔诚的路德宗信徒。他的自信油然而生，因为他知道自己的作品一定会受到赏识。在魏玛宫廷度过的八年间，巴赫写成了一本《管风琴小曲集》（*Petit Livre d'orgue*），其中的四十五首众赞歌对应着教会年历上的各个特定的节期——从圣诞节一直到将临期[2]，足以伴随信徒们一生了。转眼又过了八年。这期间，巴赫曾离开魏玛赴克滕担任宫廷乐团指挥。但最终他还是来到了路德宗的圣地——莱比锡，并在那里度过了自己的后半生。

---

1 弗罗林为古代佛罗伦萨金币名，后来欧洲其他国家也开始铸造弗罗林。

2 将临期是圣诞节前的四个星期，是教会年历新一年的开始。

1723年5月，在一个风和日丽的日子里，四辆满载家具的两轮马车于中午抵达了莱比锡。两个小时后，巴赫和他的家人搬进了圣托马斯学校的翻新公寓房。这里紧邻教室和学生宿舍，校园楼左翼的一层到三层都归他使用。前不久，莱比锡市政当局一致同意让巴赫在该市最大的教堂担任音乐总监，他的工作是为宗教节日及周日的宗教仪式谱曲。此外，他还有义务教授唱诗班的五十个孩子拉丁语，但他很不乐意做这个，因为他心里惦记的只有教堂里那宏伟美丽的管风琴。最后，他还必须在每周四早上七点带孩子们去教堂，指导他们为周日的活动进行彩排。

在5月签署的合同里，巴赫承诺将创作一批“令听众心向虔诚”的音乐。人们建议他不要以过分戏剧化的方式来写作：“巴赫先生，请答应我们，不要在您为弥撒祭礼创作的康塔塔中加入过多的装饰音。”到莱比锡的第一年，他以路德撰写的旋律和诗词为基础，为教会年历上的大小宗教节日创作了一整套众赞歌曲目。当歌词提到暴风雨时，乐曲中便会出现不协和音；当歌词提到丧钟时，人们则仿佛听到了敲钟的声音。在莱比锡的头五年里，巴赫每周都会创作一首康塔塔。与此同时，他还写了经文歌、耶稣受难曲、宗教题材的清唱剧、羽管键琴乐、管风琴乐及管弦乐。

每到入夜时分，巴赫就会走进他的作曲室。那是二楼的一个大房间，里面放着一张桌子和一把皮椅。他关上门，坐下，在桌子上铺上白纸，然后用笔和尺子画出五线谱。接着，他在一张张空白的谱纸上填满音符，笔迹流畅而圆润。他认为自己不是一名创造者，而是一个仆人；不是一名艺术家，而是一个工匠。每件未完成的作品都会让他感到心中不是滋味。一旦着手创作，他就会急着将作品完成，这种紧迫感就像解决一个不协和和弦那样刻不容缓。比起所谓的灵感，巴赫更相信自己所下的功夫。在他看来，技艺不精的人无法企及完美的神妙境界。巴赫非常谦虚，他觉得要做到像他一样并没有那么难。他总是重复这句话：“我靠努力认真的态度所取得的成就，但凡有一点天资和才思的人都能达到。”他是真不知道自己的创作潜力有多么不可限量吗？他莫不是把天赋与勤奋混为一谈了吧？这就是杰出人物的厉害之处：让我们以为他们和凡夫俗子并无不同。

在其乐谱手稿的结尾，巴赫几乎总会签上三个字母——“S. D. G.”，即拉丁文“Soli Deo Gloria”的首字母缩写，意思是“一切荣耀归于上帝”。很显然，他的音乐只为上帝的荣耀而写。只要是为上帝服务，任何标新立异之举都是值得推崇的。在他的书架上，他虔敬地收藏着宗教改革领袖的奠基之作。

他没有小说，也没有诗歌或游记，只有二十卷路德的作品和几本大开本的《圣经》。在蜡烛的亮光下，巴赫常常花一整晚的时间在书页上画出关键语句、补充信息或添加批注。他会用黑色或红色墨水写下自己的评论。在其中一本书中，他写道：“已故神学博士马丁·路德卓越的德语著作。”在另一本书上，他补充道：“音乐不仅是对时辰礼仪[1]的诠释，更是时辰礼仪的特色所在。”有时，他甚至会纠正书里的一些印刷错误……

1727年年初，身在莱比锡的巴赫内心保有不可动摇的信仰。作为音乐总监，他正在指挥乐队演绎他最新完成的一首经文歌。他将赋予这首歌一种独一无二的呈现方式。这首《为主唱一首新歌》（*Singet dem Herrn ein neues Lied*）的作曲堪称完美。在圣托马斯教堂，两支合唱队相对而立，每边各有四名歌者。从第一个拍子开始，其中一支合唱队就高唱“歌唱吧”，仿佛在抒发自己的信仰，而另一支合唱队则通过一系列的装饰音和练声曲来有节奏地为对方伴唱。两支合唱队必须做到整齐划一。要做到这一点并不难，但在巴赫这样的大师手里，一个简单的技巧却被运用到了极致。两个声部从同一点出发，相互分离，然后彼此交织，最后又完美地结合到一起。巴赫在其中融入了

1　时辰礼仪（亦称“日课”或“日常礼赞”）是天主教会的一个公众祈祷的功课模式。

两首他极为擅长的赋格曲，多重旋律彼此独立却又和谐统一，展现了他精湛的作曲功力。五十年后，当造访莱比锡的莫扎特听到这首经文歌时，不由得惊叹："这是我有生以来第一次找到可以借鉴学习的东西！"

不过，巴赫并不盲目追随路德。在莱比锡，一场弥撒可以持续四个小时以上，他就对此表示过不满。怎样借助音乐来为礼拜仪式注入活力，进而展现一种令人振奋的信仰观呢？他选择变换形式。就拿康塔塔的开场来说，巴赫时而通过号角来营造慷慨激昂的场面，时而通过悠扬委婉的弦乐来烘托恬静幽思的氛围。有时，他会在信徒的灵魂与基督之间或绵羊与牧羊人之间编造出一段幻想的对话，仿佛是为了更好地传播《圣经》的教诲。在莱比锡，巴赫共写下了一百五十首康塔塔。

能够传递启示的不仅有歌词，而且有搭配不同乐器的精妙的作曲。就像我们在教堂的彩绘玻璃上看到的画面一样，乐器本身也能描绘一个个宗教故事场景：小号负责宣布耶稣基督的复活，双簧管负责渲染圣诞节的宗教气息，大提琴则负责用其低沉的音色来诉说基督在世的最后时刻。巴赫运用半音化手法描绘了基督被解下十字架的画面，运用快速颤音来预示即将逝去的生命。

每逢周日，在教堂高处的廊台上，巴赫还会根据自己的喜好来弹奏管风琴。这件乐器奏响了其精神生活的乐章。透过复杂精深的管风琴，他的思维似乎也变得更加浓密。在一首编号为“BWV 651”的众赞歌《请来吧，圣灵，主神（幻想曲）》（*Komm, heiliger Geist, Herre Gott*）中，管风琴乐谱的低音声部再现了路德于两百年前为圣灵降临节[1]写下的圣歌。在乐谱手稿的左上方，第一排五线谱之上，巴赫用优雅圆润的字迹写下了“幻想曲”一词。然而，我们在他的其他乐稿上几乎找不到这个词。这部作品的序曲听起来就像一段即兴创作：巴赫踩下脚键盘的音符“fa”，伴着该音符的持续音，他的右手先以十六分音符的节奏弹奏着，接着是左手。一串串音符喷涌而出，就好像巴赫无法抑制其向外漫溢的想象力一般。他运用琶音[2]来表现圣灵。到作品结尾处，一个新的音乐动机[3]出现了，该动机由一组十六分音符构成，并在接下来的几个小节中被重复使用，仿佛是为了映衬“哈利路亚，哈利路亚！”的歌词。

信徒们坐在教堂的木制长椅上，仔细聆听着。他们是否察

1　圣灵降临节指复活节后的第五十天。

2　琶音指一串和弦音从低到高或从高到低依次连续奏出，可视为分解和弦的一种，常作为短小的连接句或经过句出现在乐曲旋律声部中。

3　音乐动机由具有特性的音调及至少含有一个重音的节奏型构成，是主题或乐曲发展的胚芽，也是音乐主题最具代表性的小单位，具有一定的独立表现意义。

觉到了乐曲中所蕴含的各种巧思呢？恐怕与之相比，他们更容易察觉到的是巴赫在管风琴演奏方面的卓越才华。莱比锡市民纷纷涌向圣托马斯教堂，只愿再次欣赏巴赫的精彩演绎，再次目睹他灵巧的手指在键盘上上下翻飞。面对热情的听众，巴赫不遗余力，努力地变换主题，为通奏低音[1]装饰加花。在18世纪30年代，他还开始了一套大型庄严弥撒曲[2]《b小调弥撒》（*Messe en si mineur*）的创作。

十六年后，巴赫在临终前不久才为这部作品画上句号。然而，巴赫作为一名新教路德宗的信徒，为什么要创作一套如此庞大的罗马天主教式拉丁弥撒曲呢？难道他放弃信仰路德宗了吗？不是的。其实，路德宗并没有摈弃天主教礼拜仪式的主要礼仪。当遇到盛大的庆典活动时，路德是赞同保留弥撒仪式中配乐演唱的“垂怜经”“荣耀经”“圣哉经”等乐章中的拉丁语的。回看巴赫在迟暮之年完成的《b小调弥撒》，我们似乎从这份用音乐语言写就的“遗言”中读到了一种超越路德宗和天主教的普世化信仰。这是他最后一次拿起笔，最后一次在纸

1　通奏低音是一种键盘乐器所用多声部音乐的省略记法。乐谱中只出现低声部，在各音下方标出数字，用以提示上方声部各音，演奏者据此弹奏和声。

2　庄严弥撒曲为弥撒曲的体裁类型之一。在参加弥撒活动的神职人员较多的普通弥撒中，音乐较为完整和精致的弥撒曲被称为“大弥撒曲”或“庄严弥撒曲”，反之则被称为“小弥撒曲”。

上写下一排排音符。他的手并未颤抖，但他的动作却流露出了一个老人的脆弱和疲惫，他感到自己的生命即将消逝。与以往的手稿不同，这份手稿的音符在五线谱上的位置常有偏差，很多处都用字母校正过来了。此外，乐谱上还出现了一些错误和墨渍。

巴赫是想把自己最出色的宗教声乐作品都汇集到这部绝笔之作中吗？还是说，他想让世人看到一部概括了他毕生艺术精华的作品？总之，巴赫在这套弥撒曲中融入了多种音乐风格，令人眼花缭乱，应接不暇。《b 小调弥撒》中的第一首二重唱非常新潮前卫，听起来简直像是一部歌剧的选段。这是巴赫写过的唯一一首由两名女高音演绎的二重唱曲。紧接着是第二首“垂怜经”，这首乐曲颇具文艺复兴时期的风格，但巴赫却在其中运用了很有现代色彩的半音化手法。音乐进行了两个小时后，作品以一首华丽的四声部合唱——《请赐予我们安宁》(*Dona nobis pacem*）收尾。在辉煌的定音鼓声中，一路渐强的旋律终于达到了高潮。巴赫仿佛想要借此告诉世人：上帝会把平和与安宁赐予所有人。

1750 年，就在巴赫生命的最后时刻，时代风潮将他孤立起来。从几年前开始，华丽的曲风逐渐席卷欧洲。比起巴赫的严肃而又复杂的作品，人们更偏爱简单轻松的旋律。尽管他的音乐仍在被演奏，他的学生们仍在莱比锡向人们讲述着他的事迹，但虔诚派[1]运动和启蒙运动的理念却越来越深入人心了。当巴赫去世时，欧洲正处于一场音乐革命之中。六年后，莫扎特出生了。

1 虔诚派又译“虔敬派”，是德意志基督教新教路德宗教会中的一派。该派认为宗教的要点不在于持守死板的信条形式，而在于日常生活中表现出的“内心的虔诚”。

1756
—
1791

沃尔夫冈·阿马多伊斯·莫扎特

共济会情结

在迎新演说中，莫扎特作为共济会的新工徒，被描述成了“最温柔的缪斯女神之友，被仁慈的大自然派来触动我们的心灵，将用神奇的力量为我们的灵魂带来喜悦和安慰”。

▶ 推荐聆赏《魔笛》

𝄞

二十八岁时，受社会氛围的感染，沃尔夫冈·阿马多伊斯·莫扎特（Wolfgang Amadeus Mozart）对启蒙思想颇有好感，于是像与他同时代的杰出人物一样，加入了共济会，进而得以与18世纪维也纳的文化精英为伍。共济会倡导自由与博爱。莫扎特被这种思想深深地吸引，为共济会各分会创作了十余部作品。共济会的价值观更是渗透到了他的整个创作理念中，以至他的最后一部歌剧《魔笛》都是以共济会的理论为主题创作的。在生命的最后时光，莫扎特忍受着孤独，负债累累，是兄弟会给他带来了莫大的支持和安慰。

莫扎特连路都走不稳当了。人们脱去了他左脚的鞋，摘掉了他身上所有的首饰。他的眼睛被布蒙着，衣服也被脱掉了好几件。他袒露着胸膛，一条裤腿向上卷着，独自一人在一间摆放着若干象征符号的“反思室”里等待着。在昏暗的环境中，他隐隐分辨出了一个人类头骨、一个沙漏、一把长柄镰刀和两条交叉的胫骨。头骨让人联想到死亡。没有人可以不先经历死亡就进入一段崭新的生活。在这个逼仄的房间里，人们要他思考生命的意义。接着，引导人牵着他的双手把他引到了圣堂门前。分会的兄弟们可以听到他的脚步声。门开了，像所有准备入会的新人一样，他受到了司客的冷漠接待。1784年12月14日晚上六点半，莫扎特即将成为共济会这个神秘组织的一员。

莫扎特绕着圣堂内部走了三圈，他的双眼始终被蒙着。一个人要想练习思考，就必须先学着在黑暗中前行。会友们手持火把，分两排站立。在圣堂中央，三个大烛台及托盘上的蜡烛照亮着“跟踪板”。这块“跟踪板”上描绘着共济会的代表性标志：所罗门圣殿的两根立柱、一把木槌、一把剪刀。“跟踪板”的左边和右边还分别饰有太阳和月亮（这世界的两重伟大之光）的纹样。在迎新演说中，莫扎特作为共济会的新工徒，被描述成了“最温柔的缪斯女神之友，被仁慈的大自然派来触动我们的心灵，将用神奇的力量为我们的灵魂带来喜悦和安慰”。发表演说的会友转身朝向莫扎特，请他用接下来的时光证明“乐器所传达的情感与人类的美德和爱有多么相似”。莫扎特表示应允。他以名誉担保，自己将严守共济会的所有秘密，绝不向外人透露任何内幕。接着，会长问道：“兄弟们，你们同意让这位苦难者见到他从出生至此都未能享用的光明吗？”众人表态后，有人为莫扎特摘下了遮眼布。眼前的荧荧烛火晃得他睁不开眼。从此，他开启了自己的光明之路。

共济会举行仪式的地点是一栋豪华住宅的客厅，还是一间小酒馆的私密后厅呢？这个无人知晓。不过可以肯定的是，那一晚，莫扎特为自己晋升为工徒而感到喜悦和自豪。他所在的分会虽小，却很有名望。那里是他与朋友及自己钦慕的艺术家相聚的地方。范·斯维滕男爵向他推荐了巴赫的作品；格明根男爵既是王室的侍从，又是让－雅克·卢梭（Jean–Jacques Rousseau）作品的译者。此外，他还结识了富商约翰·米卡埃尔·普赫贝格（Johann Michael Puchberg）。会友们几乎都是贵族和艺术界人士——他们是一群理性主义者，处于一种政治革命前夕的思想状态。莫扎特很能理解他们的想法，毕竟他走遍了启蒙时代欧洲各国的首都，阅读了狄德罗和达朗贝尔所著的《百科全书》（*Encyclopédie*），了解博马舍的戏剧。不久，博马舍便被视为法国大革命的预言者之一。

共济会对莫扎特而言意味着什么？它意味着基督教的思想，即爱与光明的概念无处不在。近几年来，他一直感觉天主教的教规有些冷漠。他常说自己有一个一直未能实现的远大憧憬。而就在不久前，他终于找到了属于自己的路。当然，莫扎特从未想过要背弃上帝，他仍是天主教徒，会继续参加弥撒，遵守封斋[1]。然而在共济会，他发现了一个新世界——一个充满宗教宽容和博爱的世界。此外，成为共济会的会员意味着他终于能与贵族比肩了。在这些大人物身边，莫扎特不再是个平民，也不再需要像过去那样遭受屈辱了。小时候曾被阿尔科伯爵狠狠地踹过一脚，后来又被科洛雷多大主教当成佣人使唤过的莫扎特，从今往后要开始逆袭了。

在经历了新人入会的启蒙仪式后，他或许跟妻子康斯坦丝讲述了这个庄严而又美丽的时刻。当然，他并没有忘记要替共济会保守秘密。他很可能只是向妻子描述了自己有多么激动和兴奋。他蹦蹦跳跳的样子像个小男孩，同往日里一样亲切可爱。加入该组织是他思考良久以后做出的慎重决定。作为一名作曲家，莫扎特已经意识到了共济会的活动将给他带来大量的灵感。他很快就会着手为各分会谱写音乐作品，并在其中融入共济会的象征符号和传统仪式。他坚信，只要他与共济会的兄弟们共同努力，就一定能推动人类的进步。

除了在集会地点唱歌，会友们还会举办一些正式的音乐会。

1　封斋即天主教的斋戒期。规定耶稣复活节前四十天（自复活节前第七周的星期三开始，除去六个星期日）为封斋期，教徒须在此期内的特定日期（随时代、地区而不同，现一般为星期五）守大斋和小斋。

因为共济会急需音乐人才，所以莫扎特很快就获得了晋升的机会。一个月后，他从工徒升级成了工员，并于1785年春达到了工师的级别。莫扎特对自己从事的事业有着如此坚定的信仰，以至他最珍视的两个人——他的父亲利奥波德以及他最好的朋友约瑟夫·海顿（Joseph Haydn）——也在他的影响下加入了共济会。要知道，这两个人的思想都是相对保守的。

1785年3月，莫扎特的内心充满喜悦，因为他为共济会写下了第一首作品——《小伙子漫游》！这首乐曲明媚而纯净，声乐部分非常轻盈，毫无冗赘之感。在一段式的浪漫曲背景下，男高音歌唱家用洪亮的嗓音唱道："您现在正在靠近一个更高的知识等级，请务必在自己的道路上坚定向前，谨记这是一条智慧之路。"他的第一首共济会作品已然洋溢着一种石匠行会[1]特有的气息——庄严而明亮，就像一股敞开胸怀的温柔。很快，莫扎特就又推出了一首令人印象深刻的新作品——《共济会葬礼音乐》（*Maurerische Trauermusik*）。该乐曲仅由六十九个小节组成。他在其中主要运用了单簧管、双簧管、低音巴松管和巴塞管等共济会一贯使用的乐器。这首阴沉严肃的慢板音乐在管乐器的呜咽声中以c小调展开：双簧管先开始演奏，接着巴塞管对其做出回应。全曲笼罩在死亡的阴影下，但每往下进行

1　近代共济会是从古代的石匠行会演变而来的。

一个小节，那种哀怨消极的情绪就会有所消减。随着乐曲的推进，一种泰然安详的氛围占据了主导，就好像对死亡的恐惧已经被克服了一般。“平静地接受死亡”是共济会的会友们经常探讨的主题之一。在作品结尾，c小调调式被一段华丽的C大调和弦取而代之，仿佛圣光显灵了。

其实，共济会对于莫扎特而言并不是一个完全陌生的世界。早在十二岁的时候，小莫扎特就曾为其家庭医生梅斯梅尔创作过一首歌曲，以感谢后者治愈自己的天花。这位医生就是共济会的成员。当年，恐怕就是他建议莫扎特选用《智者的女皇》（*Reine des sages*）这首诗作为歌词的。该诗以欢乐为主题，而欢乐正是共济会的重要精神之一。五年后，莫扎特接到了共济会成员格布勒男爵（奥地利政府的重要成员）的委托，为其写的一部戏剧《埃及国王塔莫斯》（*Thamos, roi d'Égypte*）谱写配乐。戏剧中的故事发生在埃及——共济会的发祥地之一，彼时仍是少年的莫扎特为这部作品中的各种象征符号感到着迷，只不过那时的他根本不了解这个组织的内幕。

十年过去了。当莫扎特加入共济会时，这个团体正在维也纳蓬勃发展。18世纪末，共济会已然成了高级知识分子的集会场所。莫扎特对自己身边的兄弟们怀着很高的敬意，因为他们为他打开了思路。他很喜欢与他们谈论科学、历史、音乐和宗教。每当自己的音乐在共济会的各种仪式上郑重响起时，他都觉得是一种享受。除此之外，共济会还有什么特别吸引他的地方呢？那就是会友们在音乐上表现出的团体意识。根据共济会的惯例，在独唱者演唱完毕后，全体成员都要齐声重复最后一句歌词。由于他们中的大多数没有任何声乐基础，因此莫扎特必须写一些比较好唱的歌曲。这对他来说易如反掌：他极力简化乐谱，以人声为主，乐器伴奏为辅。在共济会的兄弟们中间，他获得了安慰。要知道，他在奥地利的首都已经许久未有过这些积极的感受了。

事实上，维也纳的民众已经厌倦他了。尽管他们很欣赏莫扎特的精湛琴技，但很多人认为他的歌剧太复杂了。观众是听不惯新的和弦，还是看不懂其歌剧的新颖构思呢？或许二者都有。总之，1786 年的莫扎特感到很失落，因为他无法向维也纳的民众传达自己的思想。这与布拉格的情况截然不同。在那里，莫扎特像英雄一样受到崇拜，街上的路人甚至会用口哨吹出其歌剧中的旋律。万幸的是，在维也纳的共济会，有人倾听他的音乐，尊重他，肯定他的能力。这正是莫扎特求之不得的。他纵然知道自己天赋异禀，也不认为自己就因此高人一等。即使面对身份寒微的听众，他也愿意连续演奏数小时，只要对方能够用心聆听。而这群用心聆听的听众，他已经觅得，他们就在他参加的共济会分会里。

与此同时，奥地利皇帝约瑟夫二世正在思忖：怎样避免帝国内部的各种秘密团体像脱缰的野马一样失去控制呢？如今，要管控这些团体已变得愈加困难了，因为它们在维也纳遍地生根，数量已相当庞大。约瑟夫二世本打算依托共济会来推进自己的改革方案，可最近几个月，有几个分会获得了太多的权力，其中一个甚至涉嫌密谋算计皇帝。这触及了约瑟夫二世的底线，于是他颁布法令，将维也纳的八个共济会分会合并成两个，还要求知情人士向他提供一份包含所有成员的名单。见此情形，许多共济会成员（比如海顿）都因为不知所措而选择退会了，但莫扎特却决定留下来。他所在的“仁善”分会与其他分会合并成了一个叫作“加冕新希望”的分会，这也是当时规模最大的共济会分会。莫扎特直至去世都没有离开这个分会。

在每月两次的集会上，莫扎特通过与兄弟们的交流来充实自己。他有一位名叫安东·施塔德勒（Anton Stadler）的密友。此人是一名优秀的单簧管演奏家，连约瑟夫二世都对他青睐有加，认为他是当时最杰出的演奏大师之一。莫扎特与他意气相投，相处融洽，甚至给对方取了一个昵称，叫“醋栗小脸蛋儿”。他们二人都有爱开玩笑的性格，所以在一起时就像一对不成熟的少年。莫扎特甚至设想过与施塔德勒创立一个属于他们自己的共济会分会，他连分会的名字都想好了，叫“洞穴”。夜晚的时候，他们如果既不打台球也不玩九柱戏[1]，便会花数小时来试验单簧管的各种音效组合。单簧管在18世纪末发展迅速，于是对单簧管颇有研究的施塔德勒引导莫扎特对乐器进行了研究和改造。不久，他俩一起发明了巴塞特单簧管（简称巴塞管）。这种单簧管比普通的单簧管更长，低音区的音域也更宽广，可以多吹四个半音，音色温暖细腻，十分接近人声。只要和施塔德勒在一起，莫扎特就会充满热情和干劲，并敢于做各种大胆的尝试。在他最经典的作品中，不乏为这位好友量身打造的乐章，而且这些乐章完美地彰显了巴塞特单簧管的独特音色。莫扎特那首著名的《单簧管协奏曲》（*Concerto pour clarinette*）是为谁写的？答案是施塔德勒。那《单簧管五重奏》（*Quintette avec clarinette*）呢？还是施塔德勒。此外，他还在《g小调第四十号交响曲》（*Symphonie en sol mineur*）中加入了单簧管的声部。这次，他仍然是为了施塔德勒而写的。

莫扎特的手里几乎无时无刻不攥着笔，他的头脑里满是创作灵感。为了能够在上午专心谱曲，他把授课时间都安排在了下午。1786年年初，他花六个星期的时间完成了歌剧《费加罗的婚礼》（*Les Noces de Figaro*）。这部歌剧的脚本是他委托歌

1　九柱戏起源于公元3—4世纪的德国，被认为是现代保龄球运动的前身。

剧剧本作家洛伦佐·达·彭特（Lorenzo da Ponte）根据法国戏剧家博马舍的同名喜剧改编而成的。该剧充满了激进的革命思想，因此刚被翻译成德语，就在奥地利被禁演了。但莫扎特并没有就此罢休，最终从奥地利皇帝那里获准在维也纳的布格剧院上演他的歌剧。1786 年 5 月 1 日，在该剧的首演舞台上，莫扎特一边弹奏着老式钢琴，一边亲自指挥着管弦乐队和演唱者。演出大获成功，观众们集体呼喊着他的名字。可惜这一切都只是昙花一现。在维也纳举行的九场演出可谓场场精彩，但这九场音乐盛宴并不足以征服足够多的观众。很快，好评声就被批判声所掩盖。人们还是觉得他的音乐过于复杂，过于前卫。在接下来的三年里，莫扎特再没有收到任何歌剧方面的创作邀约。

自此以后，莫扎特的奋斗目标变成了金钱。1787 年年末，在接到莫扎特的求职申请后，约瑟夫二世决定让他担任宫廷作曲家。他的职责是为宫廷里举办的假面舞会谱写舞曲，年薪为八百弗罗林，比前任作曲家格鲁克的年薪少了一半。这份薪资对莫扎特而言根本不够。因为他花的永远比挣的多，所以他的债务堆积如山。

为了在宫廷里穿着得体，莫扎特给自己买了好几双皮鞋、丝织长筒袜以及若干套英式剪裁的服装。无论付出多少代价，他都坚持要让自己的外表配得上自己的野心。他无法控制自己的购物欲，但买完以后又会感到后悔。为了能够体面地出行，他购置了一辆非常漂亮的汽车，漂亮到连他自己都承认想要把它从上到下亲吻个遍。他之前用来记账的小本子早就被遗忘在某个角落了……他的经济状况很不稳定：他时而因为一件轻松的差事大赚一笔，时而又因为囊中羞涩而消沉不已，不得不靠作曲来维持生计。歌剧创作所带来的酬劳永远达不到他所期望的标准。渐渐地，“弗罗林”和“杜卡托[1]”这样的字眼占满了他的书信。莫扎特别无他法，只得求助于共济会的兄弟。普赫贝格……普赫贝格……这个名字不停地出现在他的笔下。普赫贝格不仅是共济会的成员，还是一个富有的丝织品批发商。他虽然愿意帮助莫扎特，但终究是个视钱如命的商人。普赫贝格每次只肯借给莫扎特一笔小数额的钱，还不忘让他支付利息。莫扎特接二连二地提出借款申请，就好像火烧眉毛一样。他为什么会如此着急呢？他很可能欠下了一些赌债，而在当时，赌债就意味着信誉债。

1788 年，莫扎特不得不与家人搬到维也纳郊区的一所小房子里。他自己做家务、做饭，陪伴他的只有一只会唱歌的金丝

1　杜卡托为意大利威尼斯铸造的金币，初铸于 1284 年，为欧洲中世纪最通行的金币。

雀和一条白色的小狗。他从未感到如此孤独[1]。他的最新一部歌剧《唐璜》（*Don Giovanni*）在维也纳上演后遭到了观众的冷遇。他的上一任房东还上门来向他讨要房租了，因为他至今还欠着对方好几个月的租金。这一次，他依旧只能指望那位富商兄弟的救济，于是在信里写道："我敬爱的兄弟，如果您不在这个时候帮我一把，我将失去尊严和荣誉，这是我唯一想要保留的东西……若一个人失去了所有（甚至生活必需品），那他是绝无可能把生活拉回正轨的。"收到这封信后，普赫贝格给莫扎特寄了二百弗罗林，但对于此后的几封来信没有再做回复。万般无奈之下，莫扎特只好把值钱的物品拿去典当。

一些消极的念头在莫扎特脑中滋生，但与此同时，他仍在坚持不懈地工作。所有旋律都在他的脑海里。灵感涌现时，他会一边哼唱，一边在纸上一气呵成地记录下来。莫扎特称，这些灵感就像梦一般在他身上流淌："若要我为自己身上的某项天赋而感谢造物主，那我感谢他让我把转瞬即逝的灵感保存在记忆里，我所做的只是把它们记录下来而已。"他起早贪黑地创作着，即使是忙里偷闲地打一会儿台球，也不忘把谱纸和羽毛笔放在台球桌的一角。在生活拮据的情况下，他还是于1788

1　1788年，莫扎特六个月大的女儿夭折了，儿子被送去了寄宿学校，妻子长期卧病在床，所以他才总是形单影只。

年的夏天成功谱写出了人生中最宏大灿烂的三部交响曲。在不到两个月的时间里，莫扎特连续创作了第三十九号、第四十号和第四十一号交响曲。他究竟是从哪里汲取的力量才得以释放出如此巨大的能量？这永远是个谜。这些作品表现出了一种完美的和谐，一种强大的喜悦。音乐战胜了空虚、寂寞和孤独。在物质和精神的双重低谷期，莫扎特写出的作品却一部比一部精彩。他是在共济会精神的影响下，才变得如此坚强吗？或许吧。总之，他是在黑暗的边缘触摸到了光。当人们聆听这些作品的时候，谁会想到彼时的作曲家正处于抑郁状态？没有人会想到。

然而，莫扎特再一次陷入了焦虑。他在维也纳失去了很大一部分听众，预约来听音乐会的人越来越少了，形势已不同以往。从前，他可以通过组织私人音乐会来向听众收取一定的预约金，但现在这条路已经行不通了。1789 年，只有一位好心的共济会兄弟还愿意支持他渡过难关，那就是范·斯维滕男爵。自 1790 年起，莫扎特还要继续蒙受羞辱。在维也纳，人们演奏着安东尼奥·萨列里（Antonio Salieri）和约瑟夫·魏格尔（Joseph Weigl）的作品，而他的作品却无人问津。尽管他的歌剧仍然在欧洲各地上演，也带来了可观的收入，但他却拿不到一分钱。他只有在亲自弹奏或指挥自己的音乐时才能获得报酬。莫扎特受到的剥削恐怕比任何人都多，而这种剥削从他幼年展现出音乐天分时就开始了。家里的经济困难进一步加重了。他再次提笔给普赫贝格写了一封信：“我最好的朋友和兄弟，如果连您也抛下我不管，那我就真的迷失了……我可怜的病妻和我的孩子也是一样……”莫扎特并没有撒谎：他生病的妻子很快就要被送去巴登的温泉中心进行疗养，而他的儿子则在一所贵族寄宿学校就读。

只有在共济会，他才能一次又一次地找到安慰。从他入会至今已经有六年了。然而，在 1791 年即将到来之际，维也纳的共济会已不再像 18 世纪 80 年代中期莫扎特和海顿加入时的那样，是个群英荟萃的杰出团体了。如今，它时时受到帝国警察的纠缠和烦扰。数月前，也就是 1790 年 2 月，约瑟夫二世去世，利奥波德二世成了日耳曼民族神圣罗马帝国的新皇帝。在此之前，共济会的成员一直都过着相对清静的日子，但新皇帝却担心他们会带头作乱，原因是法国大革命所掀起的轩然大波令他感到惶恐不安。他的态度非常坚决，声称自己绝不会像上一任皇帝一样，对共济会抱有放任自流的态度。由于法国共和运动中的许多领袖都是共济会的成员，因此奥地利的共济会被怀疑与法国革命者有接触。从此，奥地利的共济会不得不转为地下活动。那时候，没人会料到共济会将在三年后从奥地利彻底消失，而且其成员还是自愿关闭各个分会的。

无论怎么努力，莫扎特都无法获得利奥波德二世的青睐。是因为他是一名忠实的共济会成员，还是因为他深陷财务危机？我们无从得知。不过可以肯定的是，新皇帝在公然无视他。利奥波德二世第一次出现在剧院竟是为了观看萨列里的歌剧！几周后，莫扎特作为宫廷作曲家，居然都没有被邀请去参加新皇帝的加冕庆典。受到这样的屈辱，他自然恼恨不已。为了挽回颜面，莫扎特决定当掉家具，自费去参加庆典。

莫扎特生活窘迫，且郁郁不得志，直到有一天，他的一个朋友向他发出了合作邀约，这将是他生命中的最后一段伟大的音乐征程。1791 年春，埃马努埃·席卡内德（Emanuel Schikaneder）委托莫扎特与他共同打造一部歌剧，其题材的灵感来源于共济会。这将是一部颂扬共济会的歌剧，剧名为《魔笛》。席卡内德是维也纳一家剧院的经理，并且曾是共济会的成员。面对这样的邀请，莫扎特或许在想：共济会正值生死存亡之际，应当利用这个时机让众人明白，共济会所宣扬的是真正的人类福祉。为此，欢乐的气氛必须贯穿整部作品，当然也不能忘了爱与光明。这将是他留给后世的一份精神遗言。就此刻而言，歌剧的构思还在他的脑中酝酿。当时的莫扎特并没有流露出任何疲惫的迹象。没有人会想到，他的生命只剩下短短的九个月。

席卡内德迫不及待地想要让维也纳的观众欣赏到这部如梦似幻的歌剧，于是安排莫扎特住进了其剧院花园里的小木屋，以便让他能够更安心地（最重要的是更高效地）工作。为了达到完美的舞台效果，席卡内德打算加入许多特效。整部作品既要有大气恢宏之感，又要有雅俗共赏之妙：它必须迎合所有人的品位，不论是达官贵人，还是普通百姓，都必须能从中体会到新鲜感。演出过程中将更换十次布景，舞台地板上的活板门以及一些可移动装置都被隐藏在花丛里。夜女王登场时会坐在一个群星簇拥、熠熠生辉的宝座上。故事情节将在重峦叠嶂之间展开，接着背景又将切换到金字塔。筹备工作已经到位，就差为剧本谱曲了。

1791 年 9 月，莫扎特在布拉格逗留期间受邀参加了当地共济会的一次集会。在那里，他受到了会友们的隆重接待。刚踏入圣堂，他便看到兄弟们排成两行，唱起了《石匠之欢乐》（*La Joie du Maçon*），以此来向他表达敬意。这是他六年前为一个男声合唱团和一支小型管弦乐队创作的康塔塔。作品以男高音的独唱曲开头。结尾时，合唱团也加入了，所有人齐声高唱着欢快的旋律，这与共济会兄弟在迎新仪式上所采取的演唱方法如出一辙。莫扎特很感动，甚至可以说有些激动。他用一种暗示的口吻对兄弟们说道："不久，我将以更好的作品向共济会致敬。"他所指的很显然是《魔笛》。该剧于三周后在维也纳举行了首演。

1791年9月30日晚，不论是资产者、商人，还是侍从、女仆，都一股脑儿地涌向了席卡内德的剧院，即狄亚·维登剧院，全场座无虚席。莫扎特在当天凌晨才完成序曲，乐谱上的墨水都还没来得及干透呢！晚上七点，他亲自登上舞台，一边弹奏羽管键琴，一边充当指挥。幕布升起后，台上出现了一座光明神殿，那俨然是共济会的圣堂。两位主人公——埃及王子塔米诺和夜女王的女儿帕米娜——要在大祭司萨拉斯特罗的帮助下完成对爱与智慧的理解和领悟。为此，他们必须经受一系列考验，而这个过程几乎毫不避讳地影射了共济会的入会仪式。为了通过考验，帕米娜有两件乐器相助：帕帕盖诺的神铃和塔米诺的魔笛。它们其实是两件能够帮助她逢凶化吉的法器。

这次的机会可谓千载难逢：莫扎特终于可以向观众展现一个他所认识的共济会了。有个理念是他个人特别看重的，那就是男女平等。还有什么比这部歌剧更适合弘扬该理念的呢？莫扎特决定让女主角帕米娜接受启蒙。要知道，敢于在奥地利提出"女性也可以参加共济会"已是一项创举，因为当时只有法国的共济会才接受女性会员。所以，剧中的帕米娜和塔米诺不仅是一对情侣，更是一对携手探索光明的双生兄妹。莫扎特为女主人公所写的歌曲都极为抒情动人，有时凄婉哀怨，表现出了人物灵魂的纯洁。帕米娜的形象让人不禁联想起了此后19世纪浪漫主义文学中的女主角。

我们该如何评价《魔笛》的音乐呢？可以说，作品中到处都存在着对共济会的影射。第二幕中，祭司们集体演唱的众赞歌分明暗示了共济会兄弟们的大合唱。这一幕里既没有小提琴，也没有弦乐器。莫扎特着重运用了低音管乐器——巴塞管、巴松管、长号，而这些都是出现在共济会的集会上的乐器。《魔笛》有着独一无二的音色。莫扎特在序曲的开头就使用了小号，尽管他曾多次表示自己并不喜欢该乐器。另外，“3”作为一个对共济会而言非常具有象征意义的数字，也在剧中反复出现。一开始，一段庄严而响亮的三和弦拉开了歌剧的序幕。接下来，随着剧情的发展，出现了三个侍女、三个仙童、三项考验（沉默、洪水、烈火）。剧尾的大合唱在“力量”“智慧”和“美丽”三个词中结束，呼应了共济会的三大基本美德。

我们不难想象，当观众席里的共济会成员们看到石匠行会的象征符号暴露在大众眼中时，内心有多么吃惊。当然，共济会仪式的具体流程并没有被原原本本地搬上舞台，但许多在大部分观众看来平淡无奇的场景，在共济会成员们看来饱含寓意。

他们正在观赏有史以来的第一部共济会歌剧。随之浮出水面的是莫扎特的理想：只要通过重重考验，越过表象世界的昏昧，人们便可以获得真知。

然而，这部歌剧的高明之处并不止于此。事实上，我们可以从多个层次来解读该作品，即使是非共济会人士也不会遇到任何理解障碍。这正是莫扎特在创作之初为自己设定的目标。他之所以决定为一部德语（而非意大利语）的歌剧谱曲，就是想要让维也纳的所有观众都听懂他的音乐。此外，他还变换了很多音乐风格，以适应各个社会阶层的审美需求。他的音乐在凝重和轻松、宗教和世俗、幽默和悲怆之间来回切换。这次首演获得了巨大的成功。此后，《魔笛》在10月共上演了二十场。在一个又一个夜晚，莫扎特观察着观众的反应。但与此同时，他的个人状况却没有得到改善。

相反，莫扎特的社交圈正在逐渐缩小。他的妻子康斯坦丝仍在巴登疗养。白天，他除了一个人打台球、喝咖啡外，还会抽烟斗、作曲、出去散步一次；到了晚上，他便步行去剧院。他依旧被财务问题所困扰，在去世的两个月前被迫卖掉了家里的马。11月初，他不得不拿出一半的薪水来偿还一笔超过一千四百弗罗林的债务。莫扎特鲜少关注自己的健康，虽偶感不适，但大多数情况下都觉得自己状态不错。为了压抑深度焦虑的情绪，他不是在饮酒作乐，就是在拼命工作。8 月，曾有人委托他撰写一首《安魂曲》（*Requiem*），可他拖到现在才着手创作。然而他写了没多久就中止了，因为他又接到一份让他更感兴趣的差事：为共济会谱写一首康塔塔。

他所在的分会有了新的集会地点。为了庆祝分会新址的落成，莫扎特创作了生命中的最后一首康塔塔，曲名为《自由共济会小康塔塔》（*Petite Cantate Maçonnique*），莫扎特亲切地将其称为“友谊颂歌”。而《安魂曲》则最终停留在了未完成的状态。也就是说，这首康塔塔是莫扎特生前最后一部完整的作品。在他的书信中，一行行越发向右倾斜的字体暴露出了他的疲惫。但在乐稿中，他的笔迹依然清晰，每个音符都精准无误。1791 年 11 月 17 日，开幕仪式当天，莫扎特在兄弟们的簇拥下走进了矩形圣堂。圣堂的墙壁上装饰着图案和雕像，六芒星象征太阳，而右边的彩虹在共济会和《圣经》的语言中代表希望。

面对兄弟们的喝彩和欢呼，莫扎特谦虚地回应道：“要不是我自知先前写过比这更好的作品，我可能真的会把这首康塔塔当成我毕生的杰作。”他为乐队谱写的 C 大调乐曲明艳而灿烂，各个声部以统一的节奏发声，听起来欢快有力。我们可以想象全体会友在开场的大合唱中放声高唱这句歌词：“让乐器奏出的欢乐之声尽情表达我们的喜悦吧！”莫扎特的毅力惊人：

尽管还有债务要偿还，尽管他的身体颇感疲乏劳顿，但他仍然歌唱着快乐和对兄弟情谊的美好展望！要知道，他的生命只剩下最后的二十天了。

次日，莫扎特突然觉得体力不支。从这一刻起，分隔他与死亡的就只有痛苦了。1791 年 11 月 18 日那天，他坐在平日经常光顾的酒馆里，却发现自己连一杯酒都喝不下去了，于是只能请店主“代劳”。回到家以后，他便一病不起。他的病情每天都在加重，就连医生也回天乏术。生命垂危之际，只有几个朋友和学生围在他的病榻前。即使躺在床上，莫扎特也还在与他们一起排练着《安魂曲》中一个名为“悲泣之日”的乐段。而康斯坦丝和她的妹妹索菲则在忙着为他缝制一种可以从前面穿上的睡衣，以免他做一些会引发疼痛的动作。

1791 年 12 月 5 日星期一零点五十五分，莫扎特离开了人世。死亡证明上显示他死于“急性伤寒”。在家中入殓时，根据共济会的惯例，他身着一件黑色连帽斗篷。范·斯维滕男爵前来向康斯坦丝表达了哀悼之情，考虑到莫扎特一家的经济状况，他建议康斯坦丝安排一场花费最少的葬礼。换言之，按照贫民的丧葬仪制，租一个三等送葬车队，然后把遗体葬到一处公共墓穴，总价仅八个弗罗林。康斯坦丝听从了男爵的建议。翌日，人们在圣艾蒂安大教堂为莫扎特举行了简短的祭奠礼，没有安魂弥撒，也没有任何音乐，灵车便载着莫扎特的遗体消失在了迷雾中。几天后，在“加冕新希望”的一次集会上，共济会分会会长念了这样一段悼词：“莫扎特的死对艺术界而言是不可挽回的损失。他曾是本会的虔诚追随者。敬爱兄弟、温和友好、仁爱有善心、乐于为正义事业添砖加瓦、为自己能够凭才华去帮助其他兄弟而感到由衷的快慰，这些就是他的主要性格特征……他从童年时期就表现出了极高的音乐天赋，这也使他成了我们这个时代的奇迹之一。半个欧洲的人都对他抱有很高的评价，名流贵族都相当珍视他，而我们则唤他‘我的兄弟’。”

1734

—

1829

弗朗索瓦－约瑟夫·戈塞克

法国大革命的歌颂者

在大革命的骚动蔓延到全国之际，戈塞克完全有理由感到惶恐不安，因为他的职业生涯很可能就此打住。然而，他却保有着年轻人的叛逆精神，满怀热忱地迎接 1789 年即将到来的事件。

▶ 推荐聆赏《哀悼进行曲》

𝄞

1789年，弗朗索瓦－约瑟夫·戈塞克（François-Joseph Gossec）的名字已在欧洲各国家喻户晓。他已经写下了五十首交响曲、若干部歌剧，以及一首在三十年前给人留下了深刻印象的安魂曲。生于路易十五统治时期，他经历了政体的数次变更。如今，他将为法国大革命谱曲。随着大革命时期的到来，许多事物都在变化，就连时间的秩序都不例外：新历法、新宪法、新音乐。新时代的领导人把戈塞克当作其赫赫战功的歌颂者。

1789年年初，戈塞克正在其位于加尼的住宅里安然过冬。加尼是一个距巴黎二十公里的法国城镇，这里的1月冷得刺骨——温度最低可达零下十八摄氏度。时年五十六岁的戈塞克在为数位贵族效劳了超过二十五年后，正作为旧制度[1]的知名人士，享受着与其身份相匹配的优渥生活。他还依稀记得自己当

1　旧制度指法国1789年前的王朝。

年是怎样踏上音乐之路的。那一年，十八岁的他带着一张充满朝气的红润面庞，敲开了大作曲家让－菲利普·拉莫[1]（Jean-Philippe Rameau）家的门，以求在他身边精进自己的学识。戈塞克虽然是农夫的儿子，出身贫寒，却已掌握了小提琴、羽管键琴、管风琴等乐器的演奏技巧。而且那一天，他在拉莫面前照着其钢琴上的乐谱弹奏了一曲，竟然分毫不差，这着实惊艳到了他的老师。

陷入回忆的戈塞克仿佛又看到了自己在拉普利尼埃[2]的乐团里度过的岁月，之后他又加入了孔蒂亲王[3]的乐团。因为他身材微胖且性格天真纯朴，所以人们一看到他便会心生好感。他接下来的经历简直就像一场梦。巴黎市民最早听到的几首法国交响曲都是他的作品，欧洲没有哪个国家不知道他是谁。在过去的五年里，他还管理着自己创立的皇家歌唱学校，该学校后来更名为“巴黎音乐学院”。18世纪末，戈塞克已然成了法国最有影响力的音乐人物。他的名望和专业能力早已被大众

1　让－菲利普·拉莫（1683—1764）是继吕利之后法国最伟大的歌剧作曲家，不仅是当时法国乐坛的领军人物，还是和声理论的重要奠基人。

2　拉普利尼埃是一位很有势力的富商，并且是让－菲利普·拉莫的音乐赞助人，拉莫负责管理其私人乐团，并主持演出。

3　孔蒂亲王是有“侯爵”和“亲王”称号的法国贵族，属于波旁家族孔代支系的分支。

认可。

在大革命的骚动蔓延到全国之际，戈塞克完全有理由感到惶恐不安，因为他的职业生涯很可能就此打住。然而，他却保有着年轻人的叛逆精神，满怀热忱地迎接1789年即将到来的事件。君主政体已经动摇了，他很清楚这一点。有些省份正处在暴动的边缘，巴黎民怨沸腾。人民承受着面包价格上涨的压力，于是越来越多地加入闹事者的阵营中。他们想要公平、平等、自由。他们尊重国王，但也需要一套宪法。戈塞克虽然赞同他们的革命原则，却非常低调。在其职业生涯中，他从未流露出对政权的任何不满，因为他不想独自承担这份风险。他很乖觉，更愿意等到人民向他发出信号后再采取行动。

1789年7月9日，国民议会更名为“国民制宪议会”。五天后，也就是7月14日，人们在天色破晓时便拿起铁钎、长矛和步枪，准备翻越堑壕，攻破巴士底狱的大铁门。吊桥被放了下来，起义群众一拥而上，与士兵们展开了一番殊死较量。路易十六没料到巴黎的事态会如此严重：他以为的骚乱竟然升级为一场真真正正的革命了。几天后，为了向那些在攻占巴士底狱之日牺牲的市民致敬，人们委托戈塞克作曲。要在这么短的时间内创作出一首切合时宜的作品，他无疑是最佳人选。戈塞克毫不犹豫地答应了下来。

在内心深处，他觉得自己是一名共和主义者。在贫苦环境下度过的童年以及那些被土地奴役的农民始终在他的脑海里挥之不去。他心想，他在为新一代的法国国民表达其挑战旧世界的决心和勇气，还有什么能比这更令人振奋呢？！新时期的到来伴随着许多具有象征意义的事物：红帽子和蓝、白、红三色旗随处可见，前者是自由的象征，而后者则代表祖国[1]。不过，共和派人士遇到了一个难题：如何才能使人民团结起来呢？举行一系列的革命庆典和纪念活动不失为一个良策！从今往后，他们将为每个重大事件（不论是喜悦的还是悲伤的）举行庆祝典礼或悼念仪式，把这些事件搬上舞台，以将其深深地印刻在民众心里，并且每个仪式上都要有音乐。这就是革命者们想到的赢得人心的方式。

为了谱写这部宏大的音乐华章，戈塞克改变了自己的作曲方式，因为他的听众不再局限于资产阶级，而是变成了全体人民。每个拍子都要有力度，而且要容易让人记住。哪类音乐具备以上特点呢？爱国主义颂歌和进行曲。戈塞克设法简化了和声，令各声部尽量协调统一。他的作品必须由一个很大阵仗的乐团来演绎，于是他从自己的学生中挑选出了演奏水平最高的

1　在法国大革命时期，三色旗曾是王室和巴黎资产阶级联盟的象征：白色代表国王，而蓝色和红色代表巴黎市民。

那些人来扩充乐团。作曲时，戈塞克把自己想象成一个一百人的团体。他要缔造一种新的音乐类型——将合唱曲与革命赞歌结合起来的新类型。

1790 年 7 月 14 日，在攻占巴士底狱一周年之际，法国人民迎来了第一个盛大的革命节日。巴黎的战神广场上建起了一座凯旋门，人们动用了成吨的泥土来搭建阶梯式看台，三十万人将聚集于此。戈塞克被要求创作一首《感恩赞》，以期在上帝的见证下进一步巩固法兰西民族的团结统一。为了使这首歌曲被全体人民接受和喜欢，他在宗教的段落中融进了一些世俗元素。也就是说，拉丁文的经文歌中会穿插出现数段通俗的副歌，这在当时是闻所未闻的！歌曲中的某些段落听起来轻快明朗，很容易让人联想到莫扎特的歌剧。

早晨六点，天才蒙蒙亮，游行队伍就从巴士底广场出发，穿过塞纳河，向战神广场行进了。天下着雨。在那些加入游行队伍的民众中，有些人冷嘲热讽道："这天气也像那帮贵族一样在和我们对着干。"午后，两百名教士共同主持了一场弥撒，他们的腰间都系着三色腰带。一个六米高的平台上矗立着一座祖国祭坛。没错，对于法国人来说，祖国母亲从此也有属于她的祭坛了。路易十六负责主持这场庆典，他仍然是法国人的国王，围绕着他的臣民们也依旧在冲他微笑。国王向广场中央走去，但并没有走到祭坛跟前："我作为法国国王向法兰西民族宣誓，我将利用国家宪法赋予我的所有权力来维护宪法，并执行宪法所规定的法律。"话音刚落，人群中便爆发出阵阵喝彩和欢呼。

戈塞克站在祖国祭坛旁，头戴三角帽，嘴里叼着一根烟斗。确认乐团已准备就绪后，他下令奏乐。在礼炮的轰鸣声中，他的《感恩赞》响起了。民众从未见过如此大阵仗的声乐和器乐队伍：千人合唱团、三百名乐手、三百架鼓。为了彻底征服观众，戈塞克想出了一个主意：让合唱团的全体成员以单声部演唱，所有人都遵循同一条旋律线。多声部歌曲太复杂了，对于那些不懂音乐的观众来说肯定不容易上口。这个点子实在太妙了！那一天，各年龄层的观众——不论年轻的还是年长的——都用整齐的声音跟随合唱团唱了起来。所有人都因为同样的热情而激动不已，忍不住热泪盈眶。民众从未如此强烈地感受到音乐的力量。

值得一提的是，戈塞克还提前想好了如何应对另一项巨大的挑战：户外演奏的音效问题。不同于室内或教堂，户外既没有室内的安静氛围，也没有教堂里的音响效果。人们头顶的天花板变成了苍穹。如何使前排观众与那些五百米开外的、林荫大道另一侧的观众都能听见乐声呢？经过思考，戈塞克决定弃用弦乐器，因为弦乐器的声音传得不够远。他决定只使用吹奏乐器。除了军乐常用的单簧管、法国号、巴松管外，他还增加了长笛、双簧管、小号和蛇号。那一天，他猛然意识到音乐厅里的音乐是多么索然无味且苍白无力，这是他第一次真正触碰到了成千上万人的内心。

由于不断受到催促，戈塞克不得不缩短自己的创作周期。不论哪个仪式，都少不了音乐。1790 年 9 月，他几乎连续三周从未离开过自己的办公桌，因为人们要求他为前不久惊动全国的悲剧事件作一首曲子。在法国南锡，沙托维厄团的几个瑞士士兵刚刚因为反抗其贵族上级而被判处死刑，他们中最幸运的也已经被送到战船上做苦役了。这对法国的革命人士而言无疑是一个良机，若不借此事拉拢人心，那绝非明智之举。为了向这些士兵表达敬意，戈塞克写下了一首令人印象深刻的《哀悼进行曲》（*Marche lugubre*）。

低沉的鼓声突出了行进队伍的脚步声。伴随着管乐器奏出的和弦，定音鼓响起了沉闷而哀伤的隆隆声。没有激昂的曲调，因为现在不是庆祝的时候。声音渐强的乐团与反差强烈的和声序列制造出了极具感染力的表达效果。不协和音渲染了一种诡异的气氛，乐曲的音色更是让人耳目一新。此外，戈塞克还有一个绝妙的想法：在乐谱中插入若干个短暂的休止符。此时，任何乐器都不发声。凡是有幸参加悼念活动的人都被这首作品深深震撼了。那些沉默的片刻令人颤抖。“我仿佛听到了坟墓中的寂静。”一位贵族评论道。

那一天，真正吸引眼球的是一种鲜为人知的乐器。在此之前，从未有管弦乐团使用过这种乐器，它就是源于中国的锣。锣为这首乐曲增添了悲凉的气氛，其传递伤感的力量和威严庄重的音色着实震慑了观众。有了它，音乐似乎充盈了整个空间。在如火如荼的大革命时期，戈塞克可以随心所欲地选用自己认为合适的打击乐器，只要演出效果令人满意即可。事实证明，戈塞克做到了。在不久的未来，柏辽兹、普契尼、柴可夫斯基也将被锣的魅力所折服，并将在他们的作品中运用到它。

民众时常有机会观看各种表演，这既是为了使他们的思想保持活跃，又是为了防止他们的革命斗志松懈。然而，大革命逐渐缺少可供庆祝或纪念的大事件了。于是，国民制宪议会做出了一个决定：巴黎正在兴建的圣日内维耶教堂将被改作他用，成为用来安葬和纪念法兰西民族伟人的“先贤祠”。米拉波[1]是第一位被葬入先贤祠的名人。随后，伏尔泰的骨灰也将被迁到那里。人们都觉得，让这位哲学家长眠于先贤祠是理所应当的事，因为他曾是教会的劲敌，也是人权的捍卫者。为了这场

1　米拉波（1749—1791）是法国政治家，曾任法国国民议会议长。

隆重的迁葬仪式，法国最杰出的艺术家都参与到了筹备工作中：画家达维德负责舞台设计，诗人谢尼埃负责撰写脚本，戈塞克则负责谱曲。

1791 年 7 月 11 日，天下着雨，伏尔泰的灵柩在一千支火把的照亮下被运送到先贤祠。送殡队伍的游行从下午三点一直持续到晚上十点。石棺上不仅摆放着由橡树枝和月桂树枝围成的花圈，还镌刻着一段铭文："他曾与无神论者和宗教狂热分子做斗争。他是诗人、历史学家、哲学家。他使人类的思想取得了巨大的进步，并为我们播下了自由的种子。"除了石棺，柩车上还装着民众在巴士底狱发现的铁链、（犯人脚镣上拖的）铁球、护胸甲，以及一个保存着伏尔泰七十二部著作的保险箱。一路上，乐声不绝于耳。

戈塞克为伏尔泰写了一首赞歌，伴奏乐器包括单簧管、法国号和巴松管，歌词是这位哲学家留下的话语——"人民啊，快醒醒吧，挣脱身上的枷锁"。和声非常简洁，没有过多的修饰，旨在突出伏尔泰的字句。结尾处的和弦十分响亮，以歌剧艺术家们高唱的"自由"一词结束。接着，游行队伍伴随着戈塞克的《哀悼进行曲》向先贤祠的方向继续前进。这又是一个需要让人民铭记的时刻，为了赋予这一时刻更多的庄严感和力量感，作曲家启用了一种叫作"tuba curva"的乐器——古代的一种曲形号角。此时此刻，国王正在杜伊勒里宫的花神楼里，透过窗户窥视经过的游行队伍。不知他做何感想呢？两周前，路易十六才因出逃未遂，被人从瓦雷纳带回巴黎。如今，他只是一个失了势的国王。那天，当游行队伍抵达先贤祠时，已是晚上十点。就这样，伏尔泰的遗骸被安放在了先贤祠的穹顶之下。一个平民享受到了比国王还高的殡葬礼遇，这在法国历史上还是头一回。

深陷革命大潮的旋涡中，戈塞克也会问自己：这样的日子他还能坚持多久？在为革命纪念活动作曲的同时，他收到了一封又一封勒令关闭皇家歌唱学校的通知，而他当时仍是该校的校长。皇家歌唱学校是得益于国库的支持才得以继续开办下去的，但从三个月前开始，国王却一再拒绝把学校的开支列入宫廷文娱活动的预算中。全校的十七名老师已经拿不到薪水了，戈塞克也只能另谋出路。为此，他必须竭力保住自己在国民自卫军音乐学校[1]的职务。时值1792年，他感受到了革命氛围发生的变化。暴动、攻占杜伊勒里宫、日前向奥地利宣战等一系列事件导致死伤无数。一些音乐家离开了首都，拒绝为革命政府卖命。但戈塞克决定留下来，因为他始终被一股革命热情驱使着。不过，他很警惕，行事谨慎低调。他必须时刻保持一种

1 该校由国民自卫军创立于1792年，旨在培养军乐方面的乐器演奏师。

让人难以接近的神秘感。

1792年秋，瓦尔密战役[1]和热马普战役[2]相继传来捷报，革命获得了初步胜利。国民公会决定把戈塞克和歌剧团派往那些刚被法军占领的比利时省份，以便在当地进行具有宣传性质的巡演。戈塞克的任务是带领村民们唱歌，从而宣扬共和原则。歌剧团的优秀歌唱家跟随他去了一个又一个地方，演出反响热烈，收到了预期的效果。然而几周后（1792年年末），由于奥地利发动了新一轮进攻，戈塞克及其团队不得不启程返回了巴黎。

1793年1月21日星期一，在巴黎的革命广场（今协和广场）上，路易十六被送上了断头台。当时台下挤满了围观的群众，现场响起了隆隆的鼓声。路易十六朝着人群高喊道："人民啊，我是带着清白赴死的！我原谅那些置我于死地之人。我祈求上帝，但愿我的鲜血不会致使法兰西流更多的血。"路易十六仍在做最后的挣扎，行刑者把他按倒在地，直到铡刀落下……四天后，戈塞克创作的最新歌剧《共和国的胜利》（*Le Triomphe de la République*）上演了。为了在君主制覆灭后赢得民众的支

1　瓦尔密战役发生于1792年9月20日，是法国革命军与普鲁士和奥地利联军在法国马恩省的瓦尔密村发生的一场交战。

2　热马普战役发生于1792年11月6日，是法国和奥地利两国军队在比利时西南部城市蒙斯附近的热马普村发生的一场交战。

持，歌剧开端展示了一个战争场面，故事情节设置在1792年9月瓦尔密战役时期的格朗普雷。乐曲的旋律悠扬动听，传统风格的和声直击人心。观众时而随着弦乐器的声音生出悲悯之情，时而又在小号声中感受着法国军队战胜普鲁士军队的喜悦。声乐方面，独唱演员演唱的都是充满爱国主义情怀的歌词，很容易让人领会。接着，自由女神乘着云朵从天而降，坐到了青葱翠绿的宝座上。所有人都热切地恳求她降福。这一切都是眼下正在发生的事。人们庆祝或纪念的历史是法国正在经历的历史。

与此同时，不少囚犯正在监狱里哭泣，因为他们已时日无多。每天，一个又一个死刑犯都会在鼓声中走上断头台。国民公会的议员们担心国内的反革命势力愈演愈烈，于是决定严惩反对者，实行恐怖统治。如今，罗伯斯庇尔[1]成了全国上下最有权势的人，他拒绝采取温和宽大的治理方式。在巴黎的沙龙上，戈塞克经常会遇到罗伯斯庇尔和他的朋友们。该说些什么或做些什么呢？戈塞克选择了沉默。凡是与罗伯斯庇尔作对的人都有掉脑袋的风险。他还想继续创作和发表音乐呢！他的这个愿望很快就实现了，因为法国即将发行一种专供国家节日使用的音乐期刊。所有那些用于国民庆祝活动的歌曲都将按照原版或为钢琴改编的版本被印刷出来。戈塞克的音乐终于可以在

1　罗伯斯庇尔（1758—1794）是雅各宾专政时期的实际最高领导人。

法国各地广泛流传了。

罗伯斯庇尔意识到，自大革命以来，人们不再信奉天主教了。他坚信这会让人民迷失方向。所以，他决定赋予共和国一个新的宗教。从今往后，“最高主宰”将代替上帝成为法国人顶礼膜拜的对象。罗伯斯庇尔甚至命人在各个教堂的门廊上刻上了这样一句格言：“法国人民承认最高主宰的存在以及灵魂的不朽。”当然，最高主宰也将有属于自己的节日，而且面对新的神明自然要演唱新的颂歌，而作曲的任务又落到了戈塞克的身上。

罗伯斯庇尔的要求是：所有民众都必须为即将到来的开教大典做好准备，要把献给最高主宰的颂歌记得滚瓜烂熟，而且演唱要整齐划一。让共和主义者学唱一首歌可真是个棘手的任务。要知道，他们虽满怀热忱，却往往既不识字，又不会唱歌。为此，国立音乐学院[1]的老师们纷纷被派往巴黎的各个区[2]指挥排练。戈塞克负责的是雷阿勒区。他在排练时非常卖力，看起来精力充沛。距离典礼仅有几天的时候，谢尼埃写的歌词被呈到了罗伯斯庇尔面前。谁知，后者立刻就陷入一种冰冷的愤怒

1　1793 年 11 月 8 日，国民自卫军音乐学校根据国民公会的法令正式更名为“国立音乐学院”。

2　根据 1790 年 5 月 21 日的法令，法国大革命期间的巴黎被划分成 48 个区，雷阿勒区为其中之一。

中，原因是这些歌词很像在7月14日的纪念仪式上已经唱过的内容！罗伯斯庇尔转头看向戈塞克，用专横的口吻说："这位公民，你听懂了吗？找人重写歌词，这首歌的演唱者应该是人民群众，而不是剧院的演唱家。去，照我的话去做。"

戈塞克对这一突发情况始料未及，情急之下，他找到泰奥多尔·德索尔戈（Théodore Desorgues）帮忙。这将是这位可怜的驼背诗人一生中唯一的高光时刻。一段简短的管弦乐前奏过后，第一段歌词如赞美诗一般娓娓道来："宇宙之父 / 至高无上的神灵 / 被盲目之人无视的施恩者 / 你将在感恩者面前显示你的存在 / 唯有感恩之心才能筑起你的祭台。"颂歌的最终版本已定，于是参演群众开始投入紧张的排练中：不论是在清晨的学校，还是在夜晚的街道上，人们都可以听到颂歌的旋律，直至迎来了这个重要的日子。

1794年6月8日，巴黎市民被要求用橡树枝和鲜花编成的花环来装点自家的门窗。此外，前去参加庆典的男性一律不许携带武器，而女性则必须身着白衣，手持一朵玫瑰。到场的每个人都要亲吻另一个人，以表达自己对神灵的崇敬之情。两千名乐手及合唱团成员面朝着杜伊勒里宫的前皇家城堡，四周的空地上设有阶梯式看台。上午十点整，罗伯斯庇尔身穿蓝色正装，系着一条红、白、蓝三色腰带，走到台上发表演说。讲话结束后，他放火点燃了一个象征无神论的巨大人形纸模。接下来轮到戈塞克上场了。小号声响起的瞬间，对面的男女老幼皆因眼前的宏大场面而变得群情激昂，步调一致地唱起了颂歌。原定的主歌歌词已被简化，旋律也改成了更容易演唱的C大调。

然而，人们对最高主宰的信仰却如玫瑰的花期一样短暂……不久，国民公会的议员们便把他们昔日的英雄赶下了台——罗伯斯庇尔被送上了断头台。他所推行的新宗教作为国教被践行了数周之后，也彻底消失了。1794年夏，戈塞克走到了他的事业巅峰，他甚至都不曾刻意追求这些，只是任凭历史的浪潮把他推到了这个高度。但自从罗伯斯庇尔死后，一百多名与他关系密切的雅各宾派成员都相继成了“国家剃刀”[1]下的亡魂。这让戈塞克忧心忡忡，因为他曾与这个“不受腐蚀者”[2]走得有点太近了。

不出所料，他逐渐落入了一个噩梦般的处境。有人质疑他的共和派立场，称他是某保王派俱乐部的成员，并指责他为了音乐合同而放弃共和原则。尽管戈塞克努力为自己辩护，但人们对他的诟病并未因此终止。1795年1月21日，为庆祝路易

1　国家剃刀是法国人民对断头台的戏称。

2　罗伯斯庇尔生前坚定地遵守和捍卫自己的主张，因此获得了“不受腐蚀者”的称号。

十六逝世两周年，国民公会组织了一场音乐会。此次音乐会由国立音乐学院的乐手们负责演奏，戈塞克负责指挥。然而，他并不知道自己将成为众矢之的。

在杜伊勒里宫的会场里，戈塞克正在带领管弦乐队演奏一首庄重内敛、比军乐要柔和许多的乐曲。议员们听后纷纷感到惊愕不已，开始窃窃私语：这哀怨的曲调是什么意思？难道我们应该唉声叹气地来庆祝这个两周年纪念日吗？他们不太喜欢那些与历史潮流对着干的人。这时，一名议员起身质问戈塞克："这是什么音乐？您是在悼念路易十六那个暴君吗？"戈塞克有些不知所措，只好尽其所能地解释道："我仅仅是想表达感性之人在摆脱暴君统治后所体会到的愉悦之情。"为了打消议员们的疑虑，乐手们随即演奏了一首共和国进行曲。他们奏出的乐声震耳欲聋，以至有些议员忍不住捂上了耳朵。

戈塞克的生活时而明朗，时而阴郁，似乎已经不受他的控制了。他六十一岁了。他在国立音乐学院干得不错，继续负责授课和筹备官方庆典。几个月后（1795年8月），巴黎音乐学院成立了，戈塞克成了学院的督学之一。与此同时，皇家歌唱学校和国立音乐学院被撤销了。新学院可以接纳六百名学生。

在品尝大革命胜利果实的同时，法兰西共和国也在征服欧洲。拿破仑·波拿巴（Napoléon Bonaparte）带领部队在战场上屡战屡胜。随着时间的推移，他废除了部分革命纪念日，但保留了那些能够助长其威望的节日。另外，拿破仑还从战场上带回了意大利的音乐审美。因此，法国乐坛吹起了一股来自东欧的古典主义和前浪漫主义之风。

巴黎变了。多年的恐怖经历已经让法国人失去了太多同胞。革命音乐的风潮逐渐退去。戈塞克的名字虽仍会出现在巴黎音乐会的节目单上，但越来越罕见了。自 1799 年起，随着执政府[1]的建立，教会又重新获得了一部分特权。戈塞克把他的《自由颂》（*Hymne à la Liberté*）改回了 1789 年前的版本——《赎世羔羊》（*O Salutaris*），借此完成了从世俗到宗教的回归。于是，这首拉丁语的无伴奏三声部经文歌又可以在教堂里演唱了。

当拿破仑成为共和国的执政官后，戈塞克与其他几位寥寥可数的作曲家一同获得了法国荣誉军团勋章[2]。这是国家领袖在正式向戈塞克表达谢意，感谢他为自己政治生涯的最初几场胜利谱写乐章，供世人景仰称颂。这将是他此生收获的最后一枚奖章。渐渐地，戈塞克便与他的同僚梅于尔和格雷特里一样

1　执政府是指从 1799 年法国雾月政变推翻督政府开始到 1804 年拿破仑称帝为止成立的政权。

2　法国荣誉军团勋章是法国政府颁授的最高荣誉骑士团勋章，以表彰对法国做出特殊贡献的军人和其他各界人士。该勋章于 1802 年由拿破仑设立，以取代旧封建王朝的封爵制度。

失宠了。1814 年，在波旁王朝复辟之际，他不再抱有任何希望。去世前，九十五岁高龄的戈塞克与两位朋友回忆起了他这漫长一生中的起起伏伏：他认识拉莫，遇见过莫扎特，他们俩都是 18 世纪最伟大的音乐大师。

但他最怀念的还是法国大革命的峥嵘岁月，以及他的赞歌在战神广场的庆祝仪式上所取得的巨大成功。他很骄傲自己能成为大众的音乐启蒙者。法国历史上首次有群众参与到历史事件的纪念活动中来，这其中或多或少都有戈塞克的功劳。

1770

—

1827

路德维希·凡·贝多芬

不屑与拿破仑为伍

革命的火焰从未停止在贝多芬身上燃烧，
但这种乐观的情绪却受到了严峻的考验。
拿破仑军队的长驱直入引起了欧洲大部分
地区的恐慌，也因此激发了贝多芬越发强
烈的反法情绪。

▶ 推荐聆赏《c小调第五交响曲》，又名《命运交响曲》

𝄞

在18世纪与19世纪之交，路德维希·凡·贝多芬（Ludwig van Beethoven）为法兰西共和国第一执政拿破仑而着迷。贝多芬自认为是革命音乐家的继承者之一，立志通过音乐完成拿破仑用利剑所开启的伟业。在得知自己心目中的英雄加冕称帝的那一天，贝多芬心里的神话崩塌了。他将永远无法原谅拿破仑的这一举措。自那天起，他便开始用音乐来与这位法国皇帝对抗。而贝多芬的革命精神将在他的许多作品中以另一种形式继续存在。

法国大革命爆发时，贝多芬只有十九岁，正在德国的波恩大学学习德国文学。波恩是他出生的城市。然而，他周围的每个人都知道他心有旁骛，因为他整天都在谈论音乐创作的事，这早就不是什么秘密了。他已经写过几首钢琴曲，下定决心要以作曲家的身份扬名于世。他很自信，相信自己的实力。不久，他将打破传统模式，在乐坛掀起一股贝多芬浪潮。此刻，革命思想正在校园里像野火一样蔓延。贝多芬在耳濡目染之下也被点燃了革命热情，像周围的人一样成了一名进步主义者。不仅如此，他还对他的一位教授佩服得五体投地。这位教授关注了法国的“攻占巴士底狱”事件，并试图把革命之火传递给他的学生们。一天，这位教授正在课堂上朗诵一首鼓励人民挣脱专制主义束缚的诗歌，坐在最前排的贝多芬听得瞠目结舌，惊叹不已。该教授后来出版了一本诗集，贝多芬自然也是订购者之一。革命的骚动已经传到了德国，而贝多芬则成了革命宣传队伍中的一员。

在其卧室的储物架上摆放着一尊卢修斯·朱尼厄斯·布鲁特斯（Lucius Junius Brutus）的小雕像，他是罗马共和国的缔造者之一。如诸多革命人士一样，贝多芬也以普鲁塔克和柏拉图的作品为精神食粮，而且幻想着在世界范围内建立自己的共和国。在波恩积累一定的工作经验后，这位年仅二十二岁的青年音乐家于1792年11月离开故乡，去维也纳定居了，他身上的革命热情丝毫不减当年。几个月前，贝多芬受到了著名作曲家约瑟夫·海顿的赏识，因此才选择去奥地利请海顿指点，并继续接受音乐培训。不过，他必须格外小心，因为维也纳的警察正在密切留意反政府分子，任何人稍有不慎就有可能被指控叛国。奥地利的当权者自从得知法国的路易十六国王被当众斩首后，对革命者的不信任感就加剧了。为了谨慎行事，贝多芬不得不学会顺应时势。1796 年，当哈布斯堡家族与拿破仑对战时，贝多芬甚至创作了一首简短的作品来抒发他对现行政体的依恋。但实际上，他忠于的只有自己的革命思想。

目前，他正在几位维也纳贵族的府邸中担任钢琴师和即兴演奏家。在许多沙龙聚会上，他已经小有名气了。里希诺夫斯基亲王、金斯基亲王和拉兹莫夫斯基伯爵很快就成了他的资助人。这些家财万贯的倾慕者都被这位有着浓密棕发和刚强性格的音乐家迷住了，尽管他偶尔表现得有些粗鲁，甚至傲慢。要知道，贝多芬只在自己有兴致的时候才愿意演奏。有时候，他会突然拿起帽子，招呼也不打就匆匆离去。他不在意别人对他的评论，因为他知道自己要走的路。他在寻找一种新的音乐语言，以表达那些从他的幻想世界里迸发出来的灵感。心情愉悦的时候，他会欣然接受别人的邀请，即兴演奏一段钢琴曲。每到这时，所有听众都会为他的才情所折服。他的头发遮挡了部分面孔，而他的手指则忙着从键盘的一头翻飞到另一头。演奏中的贝多芬进入一种癫狂的状态。他的情感如此炽烈，以至他的听众都热泪盈眶了。那时候，贝多芬的身体状态极佳，他的生活尚未因听力衰退而蒙上一层阴影。

就是在这个时期，贝多芬听人说起了一位出类拔萃的将军，一个叫“拿破仑·波拿巴”的男人。在他的眼中，拿破仑是一位能推翻世袭君主制的伟大政治家。几个月前（1798 年年初），法兰西共和国在维也纳设立了大使馆。也正是从这时起，拿破仑在贝多芬的心里逐渐成了一个传奇式的人物。贝多芬在大使馆见到了法国驻奥地利大使贝尔纳多特将军，这位将军与拿破仑关系甚密。这位大使虽然并不怎么受维也纳人待见，但在贝多芬眼里，却代表着让他寄予厚望的新时代的气息。贝多芬会说一口流利的法语，时常受邀参加在大使官邸举行的晚宴。在宴会上，他从不掩饰自己对拿破仑的崇拜，并坚信对方代表着自由和平等。几个月后，他笃信自己的仰慕之情已经传到了拿破仑的耳朵里，一想到这儿他就会感到无比宽慰。贝多芬实现了梦想的第一步——与法国建立联系。

接下来，他必须设法赢得拿破仑的青睐。已有数名艺术家在他们的作品中把拿破仑描绘成解救人类的当代版普罗米修斯。其间，拿破仑成了法兰西共和国的第一执政。贝多芬开始着手把脑中的思绪转化成音乐记录下来。1801 年，他为芭蕾舞剧《普罗米修斯的生民》（*Les Créatures de Prométhée*）创作了配乐，希望借此赢得一个赴巴黎任职的机会。没错，他连做梦都想搬去巴黎，想去看看这个象征着全民起义的城市。在这部芭蕾舞剧中，普罗米修斯不再是那个因反抗宙斯以及从众神那里盗取火种而受到诅咒的神话人物。贝多芬通过自己的重新解读把普罗米修斯塑造成了一个积极的存在，并将“自由”和“权利”二词视作理想。这是贝多芬第一次在自己的作品中讨论那些给人民带来民主的领袖。更重要的是，他以委婉的方式再次表明了他对拿破仑的政治蓝图抱有的坚定信念。

贝多芬的思绪无法抑制地飘向法国。他希望拿破仑能够在那里建立普选制。他做好了启程前往法国首都的准备，只要第一执政召唤他，他就会迫不及待地飞奔过去！巴黎音乐学院已经开始演奏贝多芬的交响曲了，他在法国也拥有了很多崇拜者。贝多芬决定通过作品进一步向法国示好，于是在最后一刻更改了自己创作的一首小提琴奏鸣曲的题词。他本打算把该曲献给一位英国小提琴家，后来却把它献给了法国小提琴家兼作曲家鲁道夫·克鲁采尔（Rodolphe Kreutzer）。原因是他留意到拿破仑对克鲁采尔的音乐会赞赏有加。

抱着不可动摇的信念，这位来自波恩的音乐大师即将创作他的第三交响曲。他已经决定了，这首曲子将以拿破仑的名字来命名。贝多芬希望把它打造成自己迄今为止创作过的最伟大的作品，并把自己深信不疑的革命精神融入每一个音符中。他甚至为乐稿准备了一个抄本，因为他打算委托贝尔纳多特将军亲自将乐谱转交给第一执政。

贝多芬孜孜不倦地工作着。这首交响曲的时长为五十多分钟，是他目前写过的大部分交响曲的两倍。整部作品暗暗化为一个战场，贯穿着一个个需要攻克的难关：恐惧、斗争、死亡……贝多芬为乐曲注入了英雄般的气概，并通过重点运用铜管乐器使乐团奏出的声音更有力量。不同的乐器组之间在相互对抗。为丰富表达效果，他灵活调度各个乐器组，巧妙变换演奏人数和演奏力度。管弦乐团里通常不是只有两支圆号吗？贝多芬额外加入了一支！接下来，他插入了一首沉痛悲戚的葬礼进行曲，仿佛在暗示听众：要想获得自由，就必须接受死亡。双簧管与圆号齐鸣。在第二乐章的最后几个小节中，主旋律伴随着阴郁的c小调变得支离破碎：乐曲中出现了一次次短暂的停顿，就好像时间之河在不可避免地流向死亡。另外，贝多芬的一个音乐特点在这部作品中已有体现，那就是他总是以欢快的旋律来结束全曲。在最后一个乐章中，一个标记着“略行板”（Poco andante）的慢速段落忽而被一个令人目眩的“急板”（Presto）所代替。透过这部交响曲，贝多芬表达了自己对拿破仑的信任以及对一个新世界的无限渴望。

与此同时，拿破仑却于1804年5月在巴黎向世人宣布了自己即将登基成为皇帝的消息。得知此事后，贝多芬先像被雷击中了一样，动弹不得。接着，他握紧了拳头。共和国的第一执政就要成为帝国皇帝拿破仑一世了。不久，拿破仑将在红衣主教、各国大使以及政要的簇拥下，伴着巴黎圣母院里的合唱声，亲自将皇冠戴到自己的头上。而教皇庇护七世负责赐福于这顶冠冕。贝多芬怒不可遏，以致手中的笔刺穿了纸张，折断了。他撕碎了写有拿破仑名字的乐谱扉页，生气地说道："没想到他也只是个凡夫俗子！从今往后，他将只听从自己的野心，把人权踩在脚下。他想要高居人上，他将成为一个暴君！"人类的灾难从此有了名字，那就是"拿破仑"。贝多芬回想起了自己在法国大使馆度过的每一个瞬间，他曾在那里远距离追踪这位英雄的丰功伟绩。当时，《降E大调第三交响曲》（*Troisième Symphonie*）的乐稿是他能够抓住的唯一的救命稻草。环顾四周，他感觉自己遭到了背叛。

他曾拒绝相信拿破仑简化神圣罗马帝国的版图其实是在为统一德国做准备，拒绝承认拿破仑建立执政府并颁布《共和八年宪法》其实是出于对权力的渴望。在拿破仑战争[1]中，奥地利成了领土丧失最多的国家。被贝多芬奉为神谕的大革命再无存在的理由：它已在战争中瓦解了。贝多芬不愿再为第三交响曲保留原来的标题，于是将其改名为《英雄交响曲》（*Symphonie*

1　拿破仑战争指的是1799—1815年，拿破仑统治下的法国与反法同盟各国进行的战争。

héroïque），并在旁边补充道："为纪念一位伟人而作。"至于他的革命理想，他将通过音乐去完成。他会继续自己的研究，以求创造出一些前所未有的声音和节奏组合。

不论是在家里还是大街上，不论是坐在树下还是沉浸在小酒馆的温馨氛围中，贝多芬都不时地记录着音乐语言。他总是随身携带一个记事本，以便在灵感闪现时立即将它抓住，不给它任何逃脱的机会。他又恢复了地狱式的工作节奏。这是他一生中最多产的几年。他致力于《c小调第五交响曲》（*Cinquième Symphonie*）的创作，花了近四年时间最终完成。乐稿上满是涂改的痕迹，页边的批注、用红色或黑色铅笔所做的修改多如繁星。这部作品从一开始就给听众呈现了一出音乐悲剧：以著名的由四个音符组成的节奏动机开场，之后又通过许多不协和音、管弦乐团所营造的极度紧张感，以及那些悬而未决的时刻来进一步渲染悲剧的氛围。然而，一股活力和一种辉煌而隆重的基调却始终贯穿整部交响曲。革命的火焰从未停止在贝多芬身上燃烧，但这种乐观的情绪却受到了严峻的考验。拿破仑军队的长驱直入引起了欧洲大部分地区的恐慌，也因此激发了贝多芬越发强烈的反法情绪。

1806年秋，贝多芬的资助人里希诺夫斯基亲王邀他来到自己位于西里西亚[1]的城堡做客，该地区当时已被拿破仑的军队占领。与此同时，亲王还邀请了几位法国军官。当这些人发现站在他们身边的男人正是那位大名鼎鼎的作曲家时，纷纷请他到钢琴前弹奏一曲。贝多芬拒绝了。难道他们看不出来他并不想与“魔鬼”扯上关系吗？在他眼里，这些人都是叛徒。然而，亲王却一再坚持让贝多芬弹奏一曲。他怎么能在这种时候让大家扫兴呢？可是，再多的劝说都无济于事，贝多芬根本不打算让步。那一晚，里希诺夫斯基大为光火，与贝多芬闹得非常不愉快。虽然夜幕已经降临，天色漆黑一片，贝多芬依然摔门而去，当即离开了城堡。第二天，估计是为了缓和局势，他给亲王寄了一封短信来解释自己前一晚的举动：“亲王殿下，您之所以有今天，是凭借出生之时的偶然之幸；而我之所以有今天，却是凭我一己之力争取来的。世上的亲王千千万，贝多芬却只有一个。”

不过，光有名气是不够的，他目前的问题是缺钱。由于失去了里希诺夫斯基亲王的资助，他在维也纳的生活变得异常艰辛。为了赚钱，贝多芬愿意付出更多努力。他向哈布斯堡家族的皇家剧院递交了一封求职申请书，并在信中承诺自己将每年

1 西里西亚是中欧的一个历史地域名称。目前，该地域的绝大部分地区位于波兰西南部，小部分地区则属于捷克和德国。

产出一部歌剧及若干其他作品。谁料，他的申请遭到了拒绝。皇家剧院给出的回复相当简短："本院对贝多芬不予录用。"然而，一段时间过后，他收到了一封让他犹豫良久的聘书……

想要聘请他的人可不是等闲之辈，而是拿破仑的弟弟热罗姆·波拿巴（Jérôme Bonaparte）。如今，已成为威斯特伐利亚王国[1]国王的热罗姆意欲邀请贝多芬到卡塞尔宫廷担任音乐总监，并开出了六百杜卡托[2]的丰厚年薪。贝多芬真的想要这份工作吗？是的，他想要。他虽然仍是一个坚定的反波拿巴主义者，但已经别无选择了。不过，在离开之前，他先把自己决意要走的消息传遍了维也纳，目的是让那些放弃他的资助人重新回到他的身边。他要让他们意识到，他的离开对他们而言会是怎样的损失。

1808年12月的一个晚上，六点半，维也纳的名流显贵纷纷聚集到了维也纳河畔剧院。音乐会的票价超过了一个工人一周的工资。在四小时的时间里，贝多芬将指挥乐团陆续演奏自己的作品，并亲自负责弹奏钢琴。他让观众第一次听到了他的《c小调第五交响曲》和《F大调第六交响曲》[3]（*Sixième*

1　威斯特伐利亚王国是一个于1807—1813年在现时德国境内存在的国家。

2　杜卡托是欧洲中世纪最通行的金币。16世纪中叶后，铸有大型杜卡托银币。

3　《F大调第六交响曲》又名《田园交响曲》。

Symphonie），然后又弹奏了自己的《第四钢琴协奏曲》（*Concerto nº4*）。接下来，他开始了一段即兴表演。往后，人们将再也没机会看到他在音乐会上弹奏自己的钢琴协奏曲了，因为他的双耳很快就要全聋了。听过他当晚的演奏后，观众们都十分肯定：这是贝多芬职业生涯中最出色的一场音乐会。

贝多芬想要让听众为自己倾倒，想要感受到他们对自己的支持。他成功了。这场音乐会过后，鲁道夫大公、金斯基亲王和洛布科维茨亲王决定联手赞助他，答应每年为他提供四千弗罗林的生活费。只要他肯留在维也纳，就可以按照自己的意愿进行创作，而不受题材或时间的限制。趁着这个对自己有利的形势，贝多芬提出了三个附加条件：获得以艺术创作为目的的旅行机会；获得“皇家乐长”的头衔；每年在维也纳河畔剧院开一次音乐会，并且演出收入归他个人所有。于是，贝多芬成了音乐史上第一位独立作曲家。他用行动向世人证明了，一个人不必在强权面前卑躬屈膝。虽然贝多芬向往共和政体，但他的创作自由却是那些贵族给予他的。这样的妥协使他在经济上有了喘息的机会，同时激励着他创造出更多新的杰作。对于自己的未来，他比以往任何时候都更有信心。

然而，外部因素再次给他带来了沉重一击。1809 年，法国和奥地利之间的战争重新爆发。奥地利皇室被迫离开维也纳，而拿破仑强迫弗朗茨二世签订的和约则使贝多芬的资助人都破产了。他再也不能从他们那里拿到一分钱了。他攒了两年的收入也支撑不了多久，因为奥地利的货币出现了严重贬值，其价值仅相当于原来的百分之四十。他的财政危机全都要归咎于那个曾让他崇拜至极的男人。拿破仑已经攻到了奥地利首都的大门口，即将再次占领维也纳。贝多芬无法及时逃走，于是躲到了他弟弟家的地窖中。他用几个靠垫捂住头和耳朵，以免炮弹的爆炸声损害其微弱的听力，引起严重的耳鸣。他在此期间创作的《第五钢琴协奏曲》（*Cinquième Concerto pour piano*）可以被看成他的一种反抗。娴熟高超的技巧、狂野壮丽的钢琴演绎为这部作品赋予了磅礴大气之感，与战争形成了呼应。

贝多芬想要摆脱外国入侵者的统治，他的工作恰好为他提供了抒发这种情感的机会。皇家剧院的经理委托他为戏剧《埃格蒙特》（*Egmont*）编写配乐，他立刻就投入了创作。这部戏剧让他热血沸腾，而作者正是他非常钦佩的作家——歌德。最吸引他的地方是，该剧歌颂了英雄主义和宁死不屈的精神。16 世纪时，埃格蒙特伯爵作为荷兰民族革命的统帅，因反抗西班牙入侵者的暴政而被判处死刑。但埃格蒙特直至走上断头台的那一刻都没有放弃自己的信念。他的死亡象征着自由的胜利。从序曲开始，贝多芬就以阴郁的 f 小调来渲染紧张感和急迫感。

整部作品充满军乐风格，展现了对英雄的赞美。尽管全剧以悲剧结尾，但配乐却以胜利交响曲结束。没错，即使是受人之托而作的作品，贝多芬也不忘向其中注入一股他自己珍视的自由气息。虽说这部作品涉及奥地利政府反感的革命题材，但也无妨：只要是颂扬那些与外国入侵者做斗争的人，皇室的审查就会格外宽松。

局势渐渐地出现了逆转。在征战十余载，创造了众多不败神话后，拿破仑于 1812 年在俄国冰冷的沙漠里第一次尝到了失败的滋味。然而，这不过是他在此后所遭受的一系列重大挫折的开端。贝多芬自然不会错失将其败绩谱成曲的机会。1813 年 6 月 21 日，在西班牙巴斯克自治区的维多利亚，即将成为威灵顿公爵的亚瑟·卫尔兹力（Arthur Wellesley）击溃了拿破仑率领的法国军队。这让所有反感这位法国皇帝的人——尤其是贝多芬——感到大为振奋。他当时在距战役地点一千六百公里的维也纳，为了摆明自己与拿破仑的敌对立场，开始着手创作一部应景之作，名为《威灵顿的胜利》（*Victoire de Wellington*）。鉴于这部作品将由维也纳最出色的乐师来演绎，他编写了一篇相当复杂的乐谱。他在传统的管弦乐团里增加了声如雷霆的铜管乐器、短笛、军鼓、铜钹以及用来模拟炮声的大鼓。贝多芬知道自己一贯擅长表现战争题材，但如何才能做到创新呢？他要让观众听到两支军队面对面的交锋：一边是代表法国军队的小号阵营，另一边是代表英国军队的小号阵营。两边各有自己的演奏节奏。他像戏剧导演一样把这场战役搬上了舞台。军鼓声表明两边的士兵在互相靠近。接着，观众听到双方展开了厮杀。英国军队在逐步迈向胜利，乐曲的调性也从降 E 大调转为 D 大调——凯旋的基调。英军的炮火一记又一记地轰鸣着，拿破仑的军队却已奄奄一息，不再回应。英军最终占了上风。作为一种隐喻，贝多芬在乐曲中插入了英国国歌《天佑国王》（*God Save the King*）。

通过这首描写时事的音乐，贝多芬意识到，除了他的仰慕者和音乐爱好者以外，他完全可以吸引更多的听众。近年来，有人批评他只给内行人士写音乐，而且写出的作品过于前卫。对于那些抱怨其四重奏太难驾驭的演奏者，他回应道："这不是为你们而作的，而是为了即将到来的时代。"此外，也有人批评他不懂得照顾听众的聆听体验。但这一次，贝多芬对这些批判声做出了有力的回击。他知道民众对历史有多狂热，于是谱写了若干部作品来庆祝盟军抗击拿破仑的胜利。数家剧院的经理都委托他创作一些振奋人心且通俗易懂的应景作品。他有什么可顾虑的吗？没有。他凭借爱国主义题材的作品获得了如此巨大的成功，变得如此受欢迎，以至他能够举办好几场交响音乐会。贝多芬正处在年富力强的时候，他知道自己有充分的话语权，即使是最有权势的赞助人都在向他献殷勤。在一封写给友人的信中，他写道："昨日，我在路上遇到了整个皇室家族。亲王和朝臣们为我让开了一条路；鲁道夫公爵向我脱帽致意；皇后殿下则率先向我打了招呼。这些名人政要都认识我。"是啊，他们都是贝多芬成名之路上的见证者。拿破仑曾无视他，但这群贵族却向他致敬。这对一个革命者来说还真是讽刺！

没过多久，荣耀和奖赏便接踵而至。1814 年秋，贝多芬受邀参与了一个对欧洲历史意义重大的事件。奥地利、英国、普鲁士和俄国代表在维也纳召开会议，目的是重新划定拿破仑战败后的欧洲政治地图，确保战胜国的霸权地位。与其他艺术家一样，贝多芬负责为这些首脑政要解闷。为了使自己的经济状况能有所改观，他做好了将自己的革命精神先搁置一旁的准备。每天晚上，等辩论结束后，贝多芬便通过音乐来歌颂这些仇视革命势力的旧制度的统治者们。他处变不惊，泰然自若……在他周围，一切似乎都井井有条。他抱着坚定的信念创作了一部名为《光荣时刻》（*Le Glorieux Moment*）的康塔塔。在歌曲中，他号召全欧洲的人民站起来支持和拥护这片大陆上的君王。另一晚，他指挥乐团演奏了自己的《威灵顿的胜利》，引得亲王们纷纷为他鼓掌喝彩。贝多芬简直就是爱国作曲家的典范，在音乐中推翻了拿破仑的统治。为了感谢他，维也纳市政府授予了他“荣誉市民”的称号。

然而，欢庆的气氛只持续了一段时间。随着拿破仑战争的结束，他的爱国主义作品便失去了存在的意义。在滑铁卢战役惨败后，拿破仑被迫退位，并被流放到了圣赫勒拿岛。在法国，波旁家族重新掌权，路易十八又回到了国王的宝座上。贝多芬为维也纳会议所作的应景作品几乎都从音乐会的曲目单上消失了，他的荣耀时刻即将画上句号。渐渐地，他的交响曲和协奏曲已不再像往昔那样受到追捧。维也纳人更喜欢罗西尼[1]的轻巧音乐，更欣赏那些由魅力十足的男高音用意大利语演唱的婉转精致的歌曲。没多久，贝多芬的主要赞助人也相继离他而去了。

在这个困难重重的时期，贝多芬的健康状况每况愈下。他几乎总是生病，得过各种各样的病症，尤其受到急性风湿病的折磨。最重要的是，他的双耳已经完全聋了。他再也无法向身边的人隐瞒这一事实了。他弹钢琴时如此用力，以至琴弦都发出了杂音。究竟是什么导致了他的失聪？这仍然是个谜。他失去了辨别高音的能力，必须依赖从不离身的笔记本来与人交流。

1　焦阿基诺·罗西尼（1792—1868）是意大利作曲家，以其独特的轻歌剧风格被大众喜爱与接受。

凡是他听不到的内容，对话者都会写下来。每当他担心自己在公共场合说话声音太大时，就会选择用笔写下要说的话语。每当有人跟他交谈时，他都会用渴望的眼神注视着对方正在写字的手，然后用最快速度瞥一眼内容。

坊间流传着关于他的谣言。有人说他已经停止了作曲，江郎才尽。但事实是，他的野心丝毫不减当年。他始终想要开辟新的音乐道路，想要向世人展示一种新的作曲方式。他并没有放弃这个梦想。创作过程尽管充满痛苦，却也让他感受到了真正的喜悦。失聪不仅没有削弱他的作曲能力，反倒使他变得更强了。越是被禁锢在无声的世界里，他的曲风变化越大，由此诞生了一批与众不同的作品。眼下，他正在创作《D 大调庄严弥撒》（*Missa solemnis*），并认为这是他迄今为止最伟大的一部作品。此外，他还在谱写自己的最后五首弦乐四重奏和三首钢琴奏鸣曲，尤其是在形式上给人带来惊喜的《c 小调第三十二号钢琴奏鸣曲》（*Op. 111*）。贝多芬仿佛把歌剧的世界转移到了钢琴之上。他充分运用钢琴的音域和音色，将一些段落写得气势恢宏，将另一些写得发人深思。他从未如此深入地探索过对位法和复调音乐。在他的乐稿上，高音变少了，最后的几部作品均以中低音为主导。在生命的最后十年里，这位乐圣谱写出了人生中最辉煌灿烂的篇章。

他很珍视过去，怀念拿破仑称帝之前的时光以及彼时的自由。他夜以继日地工作着，满脑子只有自己的艺术事业。怀着旧时的革命热情，他在短短一年多的时间里完成了他的《d 小调第九交响曲》（*Neuvième Symphonie*）。这是他音乐创作的巅峰之作，也是他的最后一部巨作。人们被这部作品的宏伟构思、深刻内涵以及它传递的人道主义思想所吸引和折服。此外，贝多芬第一次在他的交响曲中加入了合唱。他是否触碰到了自己多年来一直想要开创的新类型呢？通过融合歌词和音乐，他将创造一个迷人的世界。当欢乐的主题首次出现时，乐团的演奏声突然停止了。片刻的沉默后，响起了人声。这听起来有些不真实，有些神秘，令人感到不可思议。男低音演唱者唱出了贝多芬亲自写的宣叙调歌词："哦，朋友们，舍弃这些调子，让我们唱出更加怡人、更加欢快的歌吧！"由此引出了终曲《欢乐颂》（*Hymne à la joie*）的主旋律。

《欢乐颂》的歌词出自德国诗人席勒的一首赞美友谊和兄弟情谊的同名诗歌。贝多芬早就知道这首诗歌的存在，但他最终决定只保留那些与欢乐有关的诗句，因为他认为欢乐对于深度的社会改革至关重要。贝多芬似乎在通过这部交响曲向听众传递这样一个信息：瞧瞧我们人类的潜能，我们完全可以组成一个团结而坚固的整体，从而使这个世界变得更美好。他从很早以前——将近二十五年前——就在酝酿这部作品了。第一次谈到要为席勒的这首诗歌谱曲时，他还是一名学生。那仅仅是一个漫长过程的开端。

在《d 小调第九交响曲》中，贝多芬开启了一段从黑暗到光明的探索之旅。这部交响曲如同出自建筑大师之手。他在其中展现了自己一步步排除冷峻、悲凉的基调，最终找到欢乐最强音的过程。为此，他做了数次尝试。当他发现曲调变得惊心动魄、气势汹汹时，他写道：“不，这会使我们想起绝望的时候。”当他终于找到适合表达欢乐的旋律时，他写道：“啊，这就对了，终于找到了！”[1]手稿上布满了删除和修改的痕迹。现在是向听众呈现这部交响曲的时候了。沉重的焦虑感压迫着他，毕竟时下流行的是罗西尼的音乐。听众会理解他的作品吗？他很担心答案是否定的。

1824 年 5 月，在一个柔和的夜晚，五十三岁的贝多芬即将在维也纳的音乐爱好者面前监督这部作品的演奏。他阔别舞台已有近十年了。这一次，他坐在靠近舞台的一角，在每个乐章的开头向乐团示意演奏速度。他将乐谱摊在膝盖上，试图跟随

1　本段的两句引言原是贝多芬为第四乐章中的宣叙调所写的唱词，但他随后又觉得人声出现的时机尚不成熟，因此删掉了这几句唱词。被删掉的唱词后来在其歌词原稿上被发现。

乐曲的进度，抓住乐团奏出的音符，却分辨不出任何声音。他比乐团慢了好几拍：等到全曲演奏结束时，贝多芬仍在继续打拍子。曲终时，全场都起立了。人们把这位音乐大师请到了台前。他虽然无法听到经久不息的掌声，但看到了观众席里挥舞的白手帕、被抛向空中的帽子以及举起的无数双手。直到这一刻，他才意识到全场观众都在为他喝彩欢呼。那么，他有没有在那一刻觉得自己梦想成真了呢？一个半世纪后，《d 小调第九交响曲》中的《欢乐颂》将被称为“欧洲之歌”[1]，象征着千千万万人对未来的信仰。

自从这部作品完成后，表演一场接着一场。想必许多观众都有这样的感叹：只有一个拥有伟大灵魂和坚毅人格的艺术家才能写出这样的杰作。几乎所有的浪漫主义作曲家都将受到这部交响曲的影响。当时还是学生的理查德 · 瓦格纳[2]（Richard Wagner）把整部交响曲的乐谱都亲手抄写了一遍。不少作曲家表示，在《d 小调第九交响曲》之后，不可能再有超越它的器乐作品了。瓦格纳后来说道：“仍有一些傻瓜在继续谱写交响乐，浑然不知终极之作在很久以前就已经完成了。”

1　贝多芬谱写的《欢乐颂》于 1972 年成了欧洲委员会的会歌，于 1986 年成了欧洲联盟的盟歌。

2　理查德 · 瓦格纳（1813—1883）是德国作曲家、剧作家、指挥家、哲学家。

至于拿破仑，贝多芬好像已经将他遗忘了。在生命的最后时刻，他再也没有提起这个名字。1821 年，当他得知拿破仑在圣赫勒拿岛病逝的消息时，只是淡淡地说了一句：“早在十七年前，我就写下了契合这一悲惨事件的音乐。”实际上，这位思维活跃而敏捷的作曲家是想说：《英雄交响曲》中的“葬礼进行曲”恰巧预示了这位皇帝的不幸结局。不过，贝多芬内心的苦涩似乎已经消退了。在去世的三年前，他甚至向自己的一名学生吐露：“我从前一直无法忍受拿破仑的所作所为，但现在的想法已经完全不同了。”

1803
—
1869

埃克托尔·柏辽兹

从七月革命到音乐革命

在法国人民消灭君主专政之际，柏辽兹也在乐坛掀起了一场革命。面对那些看不惯他的上一辈音乐家，他要做的是彻底推翻他们所推崇的那套老掉牙的理论。

▶ 推荐聆赏《幻想交响曲》

𝄞

埃克托尔·柏辽兹（Hector Berlioz）疾速穿越了1830年的枪林弹雨。他无论如何都想参加这场人民起义。七月革命[1]让查理十世失掉了王冠，而柏辽兹的一部分作品正体现了这场革命的腥风血雨。这位年轻的作曲家将波旁复辟时期被禁的《马赛曲》[2]（*La Marseillaise*）改编成了一个适合管弦乐团及合唱团演绎的版本。与此同时，柏辽兹打破了传统音乐的条条框框。他是法国当时最伟大的作曲家，为那个时代的乐坛打开了前所未有的视野。同年（1830年），他的《幻想交响曲》（*Symphonie fantastique*）掀起了一场音乐革命，这部交响曲如今已享誉全球。

第一缕曙光刚刚洒向大地，巴黎就变得焦躁不安起来。城

1　法国七月革命的武装起义是在1830年7月27—29日进行的，所以这三天又被法国史学家称为“光荣三日”。

2　《马赛曲》是法国国歌。由柏辽兹改编的版本后来成了官方指定的管弦乐版本。

市的街道上筑起了无数街垒，聚集的人群随着时间的推移逐渐增多。1830年7月27日，波旁家族的王位摇摇欲坠。此前，国王查理十世并未察觉到法国人民的愤怒升级。他于5月16日宣布解散众议院，导致保王党在一周前的改选中遭到惨败。7月25日，国王颁布了四道敕令（包括限制新闻出版自由和解散新选出的议会），这种强行施政的行为进一步激怒了民众。查理十世这个国王似乎当得力不从心，因此在不自觉地结束自己的统治。这一天，各行各业的男男女女、老老少少都集结到了一起。小商人、手工业者、工人、学生，与年轻的阿道夫·梯也尔[1]（Adolphe Thiers）和年迈的拉法耶特[2]并肩而立。

到处都有人在抹去鸢尾花纹章[3]，刮掉国王的个人标志[4]，他们高喊着："打倒波旁王族！"骑马的宪兵大量涌向皇家宫殿广场，奋力挥舞着佩刀，试图驱散那些聚集于此的市民。稍远处，一群士兵正在消极抵抗：他们有的拒绝开火，有的则故意将子弹打偏。还有一些起义者在为受伤的士兵疗伤。"攻占

1　阿道夫·梯也尔（1797—1877）是法国政治家、历史学家。七月革命后，他先后担任过内阁大臣、首相、外交大臣、法兰西第三共和国首任总统等职。

2　拉法耶特（1757—1834）曾于法国大革命初期出任法国国民自卫军司令，起草《人权宣言》和制定三色国旗，成为立宪派的代表人物。1830年，他再次出任国民自卫军司令，支持建立七月王朝。

3　鸢尾花纹章是法国王室的象征。

4　国王的个人标志由其名字的首字母及装饰图案组成。

巴士底狱”事件过去四十一年后，第二场革命正在推翻复辟的波旁王朝。

与此同时，柏辽兹被关在法兰西学会的一个单人房里。房间的陈设很简单：一张铁床、一张桌子和一架钢琴。他正在谱纸上奋笔疾书。这位年轻人想要赢得“罗马大奖”[1]，并期待通过该奖敲开荣耀之门。他已经失败四次了，而这次考核的内容是写一首附带管弦乐伴奏的康塔塔。时年二十七岁的柏辽兹已是一位小有名气的作曲家，但他主要以在音乐上的离经叛道著称。没错，他绝非那种普普通通的学生。他前几年提交的参赛作品——不论是从音色还是节奏上来看——都相当大胆，与巴黎音乐学院所倡导的准则相去甚远，着实把评选委员会的评审们吓了一跳。

这一次，柏辽兹打算不惜一切代价拿到这个奖。即使要在创作中迎合保守的学院派准则，即使不得不从他的音乐里剔除那些雷鸣般的和弦，他也没有半句怨言。这一次，他不会再违抗评审们的意愿。他会像其他参赛者一样按照固定套路出牌，不再另辟蹊径。只要能够获得“罗马大奖”，他就可以在连续五年的时间里定期领到一笔资助金。其实，他想要的就是一个

1 “罗马大奖”是法国著名的国家艺术奖学金，于1803年增设了音乐类奖项。获奖者可被保送至罗马法国学院留学。

字——钱。

几个星期前，柏辽兹爱上了一位年轻的女钢琴家——卡米耶·莫克（Camille Moke）。他们都在同一所女子学校任教，她教钢琴，他教吉他。没有人能比柏辽兹更爱卡米耶了，这让他尝尽了相思之苦，谁叫他总是爱得如此热烈。他想娶她为妻，但卡米耶的母亲——莫克太太——却并不是这样为自己的女儿打算的。她并不看好这个年轻气盛的穷小子。柏辽兹意识到，要想让卡米耶嫁给他，他只有一个办法：不再做一个一文不名的作曲家。这次，他一定且必须赢得比赛，因为他已经别无选择了。

大赛开始前的几个星期，柏辽兹一直疲于备赛，几乎很少关心那些正在分裂国家的事件。可以说，这位年轻的音乐家甚至不太清楚自己应该持怎样的政治立场。他的母亲是一个狂热的保皇派，所以他向来都不反对波旁王室的统治。但自从他接触了巴黎的其他艺术家和知识分子后，他的政治观念发生了改变。他留意到了燃烧在一部分人心中的共和之火。对柏辽兹及许多人来说，新闻出版审查制度的设立实属过分之举，这导致查理十世彻底失去了民心。

一枚瞄准艺术桥[1]的炮弹砸穿了法兰西学会紧闭的大门。1830 年 7 月 27 日上午，柏辽兹听到了远处传来的鼓声、枪声，以及人群的喧哗声。他有些战栗不安。他心爱的姑娘是否平安无恙？他现在没办法出去确认，因为大赛规定，参赛者不得在作曲考核期间擅自离开学会。从外部送进来的每件物品都要经过仔细检查才能到达参赛者的手中，以防出现任何作弊行为。两天后，他把完成的作品交给了评选委员会，然后立即飞奔到了卡米耶居住的公寓。她一切安好。与此同时，他了解到，波旁王朝垮台了，起义取得了胜利。

顿时，仿佛有一股电流通过他的身体，他震颤了一下。作为一个具有叛逆精神的浪漫派艺术家，他感到十分沮丧。难道他与这场革命擦肩而过了吗？激动之下，他喊道："天哪，我无论如何不能错过这个历史性的时刻！"从现在起，这将是他的战场！

这个瘦削的青年皮肤发黄，身材干枯，是他朋友口中的"腌熏鲱鱼"。然而，他必须为他所属的浪漫主义一代争光。1830 年的艺术家充满了侠义精神。雨果、大仲马和巴尔扎克都纷纷歌颂了这场闪电式的革命。1830 年 7 月 30 日，虽然战斗已停止，

1　艺术桥是法国巴黎塞纳河上的一座人行桥，连接法兰西学会和卢浮宫中央广场。

但柏辽兹认为，一切或许还没有完全结束。当他看到一道道街垒已将巴黎变成一个四周设防的营地时，不由得胆战心惊。他必须赶快找到武器，好让卡米耶看到：他可以成为一个捍卫自由的英雄！可是，他目前连一把手枪都没有。徘徊在巴黎街头，他希望自己能有运气捡到一把武器。

沐浴在七月午后的阳光中，他感觉整个世界都向他敞开了怀抱。当他看到三色旗飘扬在位于塞纳河对岸的卢浮宫的大门之上时，他的内心充满了喜悦！象征法国王室的白色旗不见了。这在柏辽兹看来，是法国大革命的新篇章。在街上苦苦寻觅了三个小时后，他终于找到了两把手枪。然而弹匣是空的，他自己也没有额外的子弹。总不能拿着空手枪去闹革命吧！于是，他又开始四处寻找珍贵的弹药。国民自卫军的士兵建议他往市政厅的方向去碰碰运气，但他仍旧一无所获。柏辽兹不断向在街上遇到的路人讨要，最后终于获得了一些火药和子弹。现在，他还缺一样最主要的东西：一场轰轰烈烈的战斗。可暴动已经平息，他怎么找都注定无果。

翌日，柏辽兹听说查理十世准备组织一次反革命行动，于是便加入了聚集在星形广场的人群。在拉法耶特司令的命令下，一万名巴黎市民开始往巴黎近郊的朗布依埃[1]前进。一些人徒步，一些人骑马。然而，传言并不属实。所有人马在行进了几公里后便各自散去了。柏辽兹决定就此打住。这段革命插曲虽然短暂，却使他的精神为之一振。三色旗再次成了法国国旗。在一支巴黎起义军的逼迫下，查理十世退位，随后乘着一艘英国战舰逃亡到了国外。

然而，以鸢尾花为象征的旧制度君主政体并没有彻底覆灭。七月革命虽然推翻了波旁王朝长系，却将其幼系——奥尔良家族——扶持上位了。鉴于起义群众大都是共和主义者，拉法耶特必须立刻想办法安抚这些人的情绪。他面不改色地抓起一杆三色旗，然后把奥尔良公爵路易－菲利普[2]拉到了市政厅的阳台上，并对他行了贴面礼。路易－菲利普即将成为“法兰西人的国王”，而非法国国王。他发表了一小段讲话，并不可避免地提到了“共和主义”一词。然而，君主政体并未动摇。所谓的“共和国”又加冕了一位国王。

群众仍沉浸在“光荣三日”的革命热忱中：不分昼夜，不论何时都有人在高唱七月革命前被禁的《马赛曲》。8月初，

1　朗布依埃是位于法国伊夫林省的城镇，有著名的朗布依埃城堡。七月革命爆发后，查理十世曾躲在那里。

2　路易－菲利普（1773—1850）也是波旁王族的后裔，其先祖为路易十三的幼子奥尔良公爵菲利普一世。

巴黎歌剧院甚至在某个夜晚安排歌唱家演唱了这首国歌。当晚，独唱演员手持国旗走上舞台，所有观众都不约而同地跟着他放声歌唱起来。柏辽兹当时也在现场，激动不已的他决定为《马赛曲》的六段歌词作一首改编曲。改编后的作品将由两支合唱队和一支大型管弦乐团来演绎，乐团里没有双簧管，却会配六支小号。他要把这首作品题献给《马赛曲》的词曲原作者鲁热·德·利尔[1]（Rouget de Lisle）。

乐曲一开始，铜管乐器和定音鼓以相同的节奏演奏，非常具有军乐的特点。紧接着是女高音独唱，盛大而庄重。到副歌部分，管弦乐团奏出了响亮的乐声。柏辽兹确保每个音符都踩着歌词的音节。为了使听众联想到前进的人群，他在合唱团唱到“奋进！奋进！”时动用了一支气势磅礴的军鼓队，而小号则是为了表现“凶残士兵”的步步逼近。柏辽兹展露了自己的才华和卓越天赋。他在配器和谱曲时非常注重变化，他的音乐似乎永不重复，但又总在向前发展，引人入胜而又充满惊喜。柏辽兹改编的《马赛曲》是如此震撼，就像一场狂风暴雨，时而雷声大作，时而稍稍平息，让听到的人为之颤抖。他并没有严格遵守和声学的规则，也对此毫不在乎。在他看来，只有舍

1　鲁热·德·利尔（1760—1836）是法国军事工程师、诗人、作曲家。1792年驻斯特拉斯堡时作《马赛曲》。

弃个别规则才能使作品获得独特的色彩。他的作曲风格之大胆是任何前人都无可比拟的。

结尾时响起了一段童声合唱，于是乐团立即改用最弱的力度来为这些稚嫩的声音伴奏。不久，鲁热·德·利尔在给柏辽兹的一封信中就改编曲做出了热情友好的回应：“您的头脑就像是一座永远在喷发的火山，而我的头脑里却自始至终只有一根隐隐燃烧的麦秆。”在如火如荼的革命时期，柏辽兹的音乐以星火燎原之势迅速地传播开来。而这位年轻的音乐家很快便会意识到这一点。

七月革命胜利的几天后，柏辽兹独自漫步在巴黎街头。穿过皇家宫殿花园的时候，他看到十几个年轻人正在齐声高唱一首战争颂歌。还有什么能比音乐更让他怦然心动呢？柏辽兹走近以后才发现，他们演唱的正是自己几个月前创作的一首歌曲！那是《爱尔兰歌曲九首》（*Mélodies irlandaises*）中的一首，歌词选用了爱尔兰民族诗人托马斯·穆尔（Thomas Moore）的诗句。在不透露身份的情况下，柏辽兹询问这些年轻人自己是否可以加入他们。

就这样，他成了他们中的一员，并与一个负责打拍子的青年谈论起了适合这首乐曲的节奏。然后，所有人又齐声唱起了法国歌谣诗人贝朗瑞的《旧国旗》（*Le Vieux Drapeau*）——

一首赞美共和国胜利的歌曲。接着轮到了《马赛曲》。这时候，周围的群众都情不自禁地跟着他们唱了起来，因为最近的一次次战斗仍历历在目。“你们或许会好奇这首直击灵魂的歌曲带来了怎样的效果，”柏辽兹讲述道，“就我个人而言，我可以毫不夸张地说，我当时激动得倒在了地上。”

8月中旬，柏辽兹回到法兰西学会，在图书馆里焦急地踱来踱去。他正等待着命运的审判。突然，门开了——柏辽兹赢得了“罗马大奖”。为讨好评选委员会所付出的努力果然收到了回报：二十五位评审全都把票投给了他。这样的杰出成绩在大赛历史上是前所未有的。他应该在想，音乐上的革命终于也取得了胜利。柏辽兹飞奔着把这个好消息告诉了卡米耶，并给自己最亲密的好友安贝尔·费郎(Humbert Ferrand)写了一封信:“就这样，法兰西学会被征服了……哦，我的朋友，能获得一份令心爱之人欣喜万分的成功，这是何等的幸事啊！”柏辽兹品尝着胜利的滋味，同时见证了人民在这次政权更替中取得的胜利。

对他而言，1830年的革命也是一场思想观念的革命。在法国人民消灭君主专政之际，柏辽兹也在乐坛掀起了一场革命。面对那些看不惯他的上一辈音乐家，他要做的是彻底推翻他们所推崇的那套老掉牙的理论。同年，他创作了《幻想交响曲》，这部作品对19世纪的诸多作曲家都影响深远。他的灵感来得很快，可以说是一种突如其来的顿悟。柏辽兹特别偏爱非理性、夸张和过度的情绪。他的想象力令人叹为观止，这种能力已占据他的身心。浪漫派艺术家都很信赖幻想世界给他们带来的启迪。柏辽兹认为，既然仍有许多奥秘是理性无法解释的，那何不尝试运用想象力呢？它或许能更有效地帮助我们破解人性的奥秘。

在心底深处，柏辽兹迫切地想要创作一批令世人景仰膜拜的音乐巨作。他有意凭借《幻想交响曲》来达到贝多芬的音乐高度，使之与六年前问世的《d小调第九交响曲》相匹敌。像这位前辈一样，柏辽兹给交响曲的每个乐章都加了标题，但并不止步于此，他还为每一部分附上了详细的文字说明。柏辽兹创作出了音乐史上的第一部标题交响曲，并将其命名为《幻想交响曲》。这部作品将撼动整个乐坛。

它讲述了一名因为对爱情的绝望而具有犯罪和自杀倾向的青年音乐家的故事。最后，主人公因服毒自杀未遂而陷入沉睡，头脑里出现了许多光怪陆离的幻觉。他发现自己身在一个群魔乱舞的地狱世界。在柏辽兹的奇思妙想下，音乐作品变成了一出情节丰富的舞台剧。纯粹的器乐演奏变成了一种比话语更适合表达内心世界的语言。他不想再创作那些只为讨好听众的音乐了。如果一件艺术作品有志于唤醒大众，并对其思想产生影响，那它就不能一味地谄媚诱惑。可是，仅凭音乐本身真的能够叙述一个故事吗？能，柏辽兹想要证明的正是这一点。

他安排了一支双簧管在幕后（而不是台前）演奏，以使其与乐团里的一支英国管形成交流互动。这种表演形式在之前是闻所未闻的。众所周知，弓弦乐器通过琴弓的弓毛摩擦琴弦发声。但在《幻想交响曲》中，柏辽兹却利用了琴弓的木质弓杆与琴弦的摩擦来制造特殊音效。另外，他在降B大调的乐章中加入了C调单簧管，甚至在最后一个乐章中运用打击乐器模拟了教堂的钟声！柏辽兹把整个管弦乐团当作一种富于戏剧表现力的工具。在不久的将来，其丰富多样的配器手法将给瓦格纳和施特劳斯带来不小的启发。

然而，这部交响曲的精妙之处并不止这些。柏辽兹还在其中引入了一个贯穿了五个乐章[1]的音乐动机，这一连串音符就像一段挥之不去的记忆。他把该主导动机称为“固定乐思”[2]：每当它闯入乐章时，时间就仿佛静止了一样。它首先作为初始快板的第一主题出现；然后又改变了节奏，与圆舞曲（相当于

1 《幻想交响曲》由“梦幻－热情”“舞会”“田野景色”“赴断头台进行曲”和“女巫安息日－夜会之梦”五个乐章组成。

2 在《幻想交响曲》中，固定乐思代表着主人公梦寐以求的理想女性。

古典交响乐的谐谑曲）融为一体；最后在第五乐章中被赋予了嘲讽的意味。临死前，主人公最后一次想起了他的梦中女神，他赖以生存的理由，也是普通人永远无法企及的理想形象。在一页又一页的乐稿中，柏辽兹的音乐徐徐展开，自由、高傲，充满创新精神。

他知道自己正在突破管弦乐团的规模限制。他既没有采用19世纪初通用的乐团编制，也没有按照乐器的官方类别来为其分组，而是把音质相似的乐器放到了一起。此外，他还考虑到了空间布局，精心策划了乐团在舞台上的呈现形式。他引入了一些在交响乐中从未出现过的乐器，如英国管、e小调单簧管、短号、竖琴和奥非克莱德号。在九年的光阴里，这个曾经的乡村男孩发展出了一种新的音乐风格。他在根据自己的想象重新创造这个世界。

接下来，他要向听众展示这部作品了。直到最后一刻，柏辽兹都在仔细检查每个细节：从乐器到谱架上的乐谱，再到每件乐器在乐团里的位置，都必须精准无误。1830年12月初，在一个周日的下午，首演即将在巴黎音乐学院的音乐厅里举行。到场的听众既有柏辽兹的热情拥护者，也有他的反对者。他组建的乐团有一百多名乐手，这些人在排练过程中可是吃尽了苦头！有些人甚至提出过要放弃参演，原因是他们觉得作品过于复杂，节奏太难驾驭，和声也让他们很不适应。在柏辽兹的一再劝说下，他们才坚持了下来。

听众注视着乐团，聆听着这部配有文字说明且时长将近一小时的大型交响曲。他们目不转睛地盯着小提琴手们的运弓动作。有些人皱起了眉头，但大多数人都在震惊过后被这部创新之作征服并深深地吸引了。他们中有谁听过这样的音乐？没有人。最令人惊讶的是，通过乐章标题和文字解说，柏辽兹竟然成功地让听众接受了其在音乐风格和形式上的大胆创新。除了名称以外，这部作品简直与交响乐毫不相干。

演出结束后，听众纷纷排队与柏辽兹握手、拥抱。这一天是其职业生涯的一个里程碑：他成了新派交响乐的大师。就在刚才，他揭示了管弦乐团的无限可能性，整个世界都为之震撼。

然而，柏辽兹的欢乐时光非常短暂，因为“罗马大奖”的资助并不是无条件的：他必须先后赴意大利和德国学习两年。尽管莫克太太已经同意了他和卡米耶的婚事，而且他俩已经向外宣布订婚了，但柏辽兹还是不得不在12月底怀着沉重的心情与未婚妻告别。几周后，泪眼婆娑的卡米耶与一个富有的实业家——钢琴制造商普莱耶尔先生——订婚了。

柏辽兹讨厌意大利，讨厌那里的音乐和城市氛围。一有机会，他就会到一个名叫“苏比亚科”的乡间小镇去躲清静。只有少数几座宏伟的历史建筑符合他对夸张艺术的喜爱，比如罗马斗兽场和圣彼得大教堂。有时，他会在圣彼得大教堂里坐上几个小时，翻阅一本拜伦[1]的诗集。柏辽兹本该在美第奇别墅[2]埋头作曲，但他既不钻研蒙特威尔第[3]，也不习读维瓦尔第[4]，任他们的珍贵手稿静静地躺在罗马法国学院的图书馆里。在意大利游学期间，柏辽兹未能在创作上开花结果。他整日里只担心一件事，那就是巴黎已将他遗忘。

两年多以后，他回到了巴黎，与爱尔兰女演员哈丽特·史密森[5]（Harriet Smithson）结为夫妻。几年前，他在观看莎士比亚的戏剧《哈姆雷特》时，曾对这位女演员一见倾心。婚后，他带着极大的热情重新投入工作中。在这段多产期，柏辽兹完

1　乔治·戈登·拜伦（1788—1824）是英国诗人、革命家，独领风骚的浪漫主义文学泰斗。

2　美第奇别墅是意大利罗马市的一组建筑群，由斐迪南一世·德·美第奇建立。自 1803 年起，罗马法国学院入驻别墅，成为法国艺术学院在罗马的总部，同时为“罗马大奖”的获奖者提供住宿。

3　克劳迪奥·蒙特威尔第（1567—1643）是意大利作曲家、制琴师，被认为是文艺复兴时期和巴洛克时期的关键过渡人物。

4　安东尼奥·维瓦尔第（1678—1741）是一位意大利神父兼巴洛克音乐作曲家，同时还是一位大师级的小提琴演奏家，其最著名的作品为《四季》。

5　据柏辽兹的自述，《幻想交响曲》正是以他对史密森小姐的爱恋为主题的。他早先向她求爱遭到拒绝，这令他痛苦万分。后来，《幻想交响曲》的成功帮助他俘获了美人心。

成了交响曲《哈罗尔德在意大利》（*Harold en Italie*）、大型管弦乐声乐曲《纪念亡灵庄严弥撒》（*Grande Messe des morts*）和戏剧交响曲《罗密欧与朱丽叶》（*Roméo et Juliette*）。此外，《罗密欧与朱丽叶》的成功还为他赢得了一项让他引以为豪的奖赏——法国荣誉军团勋章。尽管柏辽兹此前从未投身政治，但时年不到四十岁的他却获得了决策者们的高度青睐。他仍是那个浪漫的、充满热情且爱幻想的艺术家，直到有个事件唤醒了他的斗志。

1840 年 7 月，全国上下都在筹备七月革命的十周年纪念活动。政府在经费预算上毫不吝啬，因为路易 – 菲利普想要借此机会拉拢人心，重新找回十年前拥有过的民众支持度。可是，法国人民在 1830 年时所抱有的一切希望早就集体幻灭了。为纪念“七月革命”的五百名牺牲者，国王希望在巴士底狱的原址上竖起一座五十多米高的圆柱，并在柱顶放置一尊展翅奔驰的自由神像。“光荣三日”的烈士遗体将被迁葬到那里。这么大规模的纪念活动自然少不了音乐的衬托，更确切地说是需要一部气势恢宏的作品。鉴于纪念仪式在露天环境下进行，该作品还必须满足户外演奏的需求。

“七月纪念柱”的设计师约瑟夫 – 路易·迪克（Joseph-Louis Duc）是柏辽兹在罗马法国学院时的一名学友。因为有一群身兼要职的朋友在新任内政部部长雷米萨面前替自己说话，所以柏辽兹如愿以偿地拿到了作曲订单。此外，政府还支付了他一笔高达一万法郎的丰厚报酬。因为他之前已经有了葬礼交响曲的构思，所以仅用了不到两个月就完成了乐稿。这是一部丰碑式的作品，很有柏辽兹一贯的风格，名为《葬礼与凯旋交响曲》（*Symphonie funèbre et triomphale*）。

这是一项政治挑战，但更是一项艰巨的音乐挑战。户外演奏根本就不可能达到预期的效果，柏辽兹对此深信不疑，因为音量的散失会严重影响听众的收听质量。为了应对这一挑战，他摒弃了弦乐器，只选用了吹奏乐器和打击乐器。第一乐章的进行曲让人联想到了“光荣三日”的战斗画面；紧接着，随着一口口棺木被下葬到墓穴中，乐团开始演奏第二乐章“悼词”，最后，当人们把墓牌镶到这座高高的纪念柱上时，合唱团将高唱一首壮丽的赞美诗。

该作品在配器上不乏惊人之处。比如，柏辽兹把一个声部分配给了低音巴松管。要知道，这种乐器在整个19世纪都鲜少被用到。在第二乐章中，他安排了一长段讲演式的长号独奏。长号是当时的许多作曲家仍在忽视的一种乐器。另外，他还运用了落地鼓、铃铛树[1]……这一切仿佛让人提前看到了一个世

1　铃铛树又名“中国帽”或“中国凉亭”，是军乐队使用的一种打击乐器。

纪以后才会被写下的乐稿。

然而，这场户外音乐会对柏辽兹而言简直困难重重，没有一件事是顺利的。反对派的报纸已经开始用尖锐的言语攻击他了。《喧声报》[1]（*Le Charivari*）把柏辽兹描绘成了自由的敌人："革命烈士们即将被埋进一个大坑里，而这大坑就挖在那场逝去的大革命的发生地。在葬礼过程中，柏辽兹这个伪君子将指挥乐队演奏他那首该死的葬礼进行曲……破马车吱呀作响，或许能让他的曲子更入耳一些。"

7 月 28 日，柏辽兹身着国民自卫军的制服，站在两百名乐手的最前头。此刻的他既是一名乐团指挥，又是一位"军队首领"。他右手握着佩刀，准备一边走路，一边打拍子。游行队伍从起义者的埋葬地点卢浮宫花园出发，历时四小时，行进了九公里，才最终抵达巴士底广场。然而，在广袤无垠的天空下，乐声散失得很厉害。音符刚被演奏出来，就立刻"蒸发"了。二十四匹马的马蹄重重地砸在石块路上，更加淹没了乐声。人们连小号的声音都听得不甚清晰。要知道，小号队和鼓队均位于队伍的最前排，以便向后排提示演奏速度。可是，它们奏出的声音根本无法传到两百名乐手的耳中。

1 《喧声报》是法国资产阶级共和派的讽刺性报纸，发行于 1832—1937 年。七月王朝时期，该报对政府进行了辛辣的攻讦。

人群变得聒噪起来。在人们时不时发出的叫喊声中，乐团的演奏声显得更加单薄微弱了。是巴黎人民对国王路易－菲利普感到愈加不满的缘故吗？不管怎样，鼓队艰难地演奏到了最后。幸好柏辽兹于两天前在维维恩音乐厅[1]组织了一次全体彩排，他的朋友们才得以在更理想的环境下聆赏这部交响曲。瓦格纳当时也在现场，他认为这是一部从头到尾都很伟大的作品。

一个月又一个月过去了，柏辽兹逐渐变得消沉颓丧起来，看上去仿佛一位年逾百岁的老人。他身上的浪漫气息也消减了。自十五年前开始，他的反对者就一直在不依不饶地诋毁他，这让他忍无可忍。法国的各大音乐厅很少演奏他的音乐，而且仍有许多人把他当成一个写“无声”音乐的骗子。他必须经过一番斗争才能说服人们上演他那些非学院派的作品。对他而言，巴黎已经没什么值得留恋的了。

相反，德国、匈牙利和俄国都在张开怀抱欢迎他。1848年2月，在七月王朝覆灭、第二共和国诞生之际，柏辽兹正在伦敦旅行演出。1848年的二月革命于他而言是一个重要的转折点。面对那些想要他回到巴黎的人，柏辽兹回应道：“在如今的法国，音乐已死，而且这是法国政府最不想关心的一门艺术。只有被三色旗蒙住双眼的人才看不到这样一个事实。有人说我在

1　维维恩音乐厅位于巴黎，如今已不复存在。

跟法国赌气，不，我没有赌气，因为这个词太轻了。事实上，我在逃离法国，就像任何人都会想逃离野蛮的国家一样。我从很早以前就把自己身上的爱国情怀扼杀了，并把思念法国的这个愚蠢习惯从我内心抽走了。在过去的七年里，我仅靠我的作品和音乐会在国外赚得的收入为生。若不是德国、波希米亚、匈牙利，尤其是俄国，我恐怕已经在法国饿死一千次了……”

1813

—

1901

朱塞佩·威尔第

统一意大利

用不了多久，威尔第就卸下了艺术家的身份，转而成为一名人民代表。盛怒之下，他用自己的钱购买了一百七十二支步枪，并把它们运送到了加里波第的志愿军团。

▶ 推荐聆赏《飞吧，思想，乘着金色的翅膀》

𝄞

19世纪中叶，朱塞佩·威尔第（Giuseppe Verdi）见证了意大利为寻求统一所经历的动荡。意大利半岛被分裂成了好几个邦国，许多意大利人都怀抱着民族统一的梦想。威尔第在因缘际会之下成了当时最有影响力的作曲家。他与加里波第[1]和加富尔[2]站在同一阵营，为唤醒意大利人的爱国热情做出了重要贡献。他的很多歌剧都表达了对自由的赞美。为构思剧本，他会从雨果、拜伦、席勒和莎士比亚的作品中汲取灵感。作为新王国的一面旗帜，他当选了意大利众议院议员，后又被提名为“终身参议员”。他的音乐将脱离他，成为全民族的共同财产。

医生给威尔第开了六个月的休假证明。才刚满三十五岁，

1 朱塞佩·加里波第（1807—1882）是意大利爱国志士及军人。他献身于意大利统一运动，亲自领导了许多军事战役，是意大利“建国三杰”之一。

2 卡米洛·本索·加富尔（1810—1861）曾任撒丁王国首相，是意大利统一运动的领导人物以及意大利王国的第一任首相。

他就成了炙手可热的作曲家，连意大利半岛境外的剧院都想找他合作。没有哪个演出商不想与他签约，没有哪家意大利大型歌剧院的经理不竭力向他催要新作品。受到金钱的诱惑，威尔第——这个旅馆小老板的儿子——接下了所有合同。如今，他已无法再放慢节奏了。他刚用不到五年的时间写了十部歌剧。他每天都把自己关在家里，孜孜不倦地从凌晨四点工作到下午四点。合同已经签了，威尔第别无选择，只能夸大自己的健康问题，借此推迟交稿日期，安抚甲方的不耐烦情绪。四年来，他从未有过一天的清闲，总在马不停蹄地从一个演奏厅赶往另一个演奏厅，不间断地构思着一个又一个创作计划，用激昂的合唱曲和爱国主义剧情调动着观众的情绪。然而，在数年前，他差点就放弃音乐了[1]。但《纳布科》[2]的诞生改变了一切，这部歌剧让这位音乐大师走进了意大利的政治史。

1842 年 3 月 9 日，威尔第的作品《纳布科》在米兰的斯卡拉歌剧院的首演取得了巨大成功。意大利观众在观赏完后激动不已，认为这部歌剧是对祖国现状的隐喻：他们的祖国已经被

1 在谱写《纳布科》之前，威尔第的两部歌剧均反响平平，第二部歌剧《一日国王》甚至遭到了惨烈的失败和批评，心灰意懒的他打算放弃创作歌剧。

2 《纳布科》讲述了残暴的侵略者巴比伦国王纳布科（历史上的尼布甲尼撒二世），率领军队占领耶路撒冷，并驱赶当地犹太人的故事。剧本歌颂了犹太人思念家乡的真挚感情。

奥地利侵占近三十年了。当渴望自由的希伯来奴隶齐声合唱那首极具感染力的《飞吧，思想，乘着金色的翅膀》时，全场都沸腾了。有穿透力的嗓音及嘹亮的小号声征服了现场的每一位观众。当时很少有意大利民众想到要拿起武器驱逐奥地利驻军，但米兰的爱国者已经产生了解放其领土的念头。对他们而言，这支忧郁而充满魅力的抒情歌曲立刻成了他们集结的暗号。然而，观众会有这样的热情反馈其实在某种程度上是有悖常理的。要知道，歌剧脚本扉页上的题词明明是献给奥地利女大公阿德莱德的，而且威尔第在剧本中将巴比伦国王纳布科描绘成了希伯来人的庇护者[1]，间接表达了对君主政体的拥护……不过，这都不重要，重要的是那一晚，全场观众都在欢呼雀跃。威尔第时年二十八岁，正如他晚些时候所说的那样，他真正的艺术生涯是从《纳布科》开始的。这部歌剧将在四个月内上演五十七次，而非原定的八次。

一夜之间，威尔第变成了家喻户晓的人物。人们在沙龙、旅店、秘密集会上传唱着他的《飞吧，思想，乘着金色的翅膀》。在接下来的二十年里，直至意大利统一，人们还将继续唱着同

---

1 在该剧结尾，纳布科向犹太教忏悔，并允许希伯来人返回故乡耶路撒冷重建圣殿。这与史实并不相符，因为在历史上，释放希伯来人的是波斯帝国皇帝居鲁士大帝。因此，“纳布科”这个角色其实是俘虏希伯来人的巴比伦国王尼布甲尼撒二世与后来释放希伯来人的波斯帝国皇帝居鲁士大帝的混合体。

样的歌曲，因为它已成为人民斗争的象征。威尔第则带动了一股“威尔第潮流”。人们竞相模仿他的穿着打扮，有人甚至留起了与这位大师同款的发型和胡须。在餐馆里，一些人会特意点他经常点的肉排。这一切都是因为他的音乐太深入人心了，他的歌剧释放着一股爱国力量。威尔第决定在作品中进一步强调集体意识，在音乐中融入更多的英雄气魄。

事业上的风生水起让威尔第有机会进入知识分子的社交圈，以及伯爵夫人克拉拉·马费伊（Clara Maffei）的文化沙龙。在沙龙上聚会的小团体正在悄悄策动推翻奥地利的统治。在伯爵夫人的家中，威尔第遇到了一群了不起的人物，这些人即将在意大利独立战争中扮演重要角色。其中的一个男人将成为米兰临时政府的长官，另一个将被任命为意大利的首位教育部部长，还有一位外交官——他将在加富尔与拿破仑三世的谈判中充当调解人。总之，这个团体人才济济，加富尔——撒丁王国[1]未来的首相——将在由他领导的意大利统一运动中为他们每个人都分配具体的职务。

出于上述原因，威尔第的音乐也将参与到政治斗争中，尽

1　撒丁王国（1720—1861）又称“皮埃蒙特－撒丁王国”，是 19 世纪中期意大利境内唯一独立的王国，位于意大利北部。在它的基础上，意大利后来实现了统一。

管这并不是他自己的决定。他看到了《纳布科》给观众带来的震撼，意识到了群众对大合唱和辉煌乐章的迷恋，于是想要再次激发米兰群众的民族情感。他的新作品名为《第一次十字军中的伦巴第人》（*Les Lombards à la première croisade*）。爱国主义题材为营造宏伟的舞台效果提供了前提，从头至尾，这部歌剧都在展现革命精神，剧情跌宕起伏。结果不言而喻，这部作品再次取得了成功。

不过，意大利观众第一次真正展现出爱国热忱却是在几年后（1846 年）的一次演出上。一个夏天的夜晚，威尔第的歌剧《埃尔纳尼》（*Ernani*）在意大利北部城市博洛尼亚上演，该剧脚本根据雨果的同名戏剧改编而成，其创作意图是向庇护九世致敬，因为他下令赦免了教皇领地内的政治犯[1]。这位新当选的教皇深得民心，被认为有可能成为意大利各邦国的联邦建立者之一。夜幕降临时，大批人群涌入了剧院。当合唱团演唱起终曲《哦！至高无上的查理》（*Ô Charles, toi le plus grand*）时，观众为表达对教皇的拥护，把歌曲中的“查理五世”替换成了教皇的名号，异口同声地呼喊道：“哦！至高无上的庇护九世。”此时此刻，意大利人民的心正在为意大

1　在剧中，查理五世作为新上任的神圣罗马帝国皇帝，宽恕了一群密谋反叛者。

利半岛的统一而跳动。后世所谓的“1848年精神”[1]正浮出水面。几个月后，革命运动首先在西西里岛掀起，随后扩展到了全国。

威尔第满怀热情地关注着意大利半岛上发生的各种事件。1848年年初，当米兰城爆发起义时，他正在巴黎。在短短五天的时间里，人民群众就成功地驱逐了奥地利帝国的军队，史称“五日暴动”。意大利统一运动的支持者们眼看着自己的势力在逐渐壮大，谁料几个星期后，这场革命就被扼杀了。奥地利人重新占了上风。对于米兰起义所带来的新局面，威尔第当然要抓住机会从中挖掘音乐素材！他的新歌剧《莱尼亚诺[2]战役》（*La Bataille de Legnano*）在字里行间都影射了当时的局势。

1849年年初，威尔第为了新歌剧的首演来到罗马银色剧院。他从未忘记自己所肩负的音乐使命。这部新作品讲述了伦巴第联盟军队通过联合意大利的多个城邦，最终成功击败一位神圣罗马帝国皇帝的故事。剧本的每一页几乎都在影射意大利的统一大业，这位音乐大师的威名因此达到了空前的高度。还在彩排的时候，人群就迫不及待地冲进了剧院的大门，还威胁看门

1 “1848年精神”是指一种勇于追求政治与社会改革的精神。1848年，欧洲各国爆发了一系列武装革命。这一系列革命波及范围广、影响大，可以说是欧洲历史上最大规模的革命运动。

2 莱尼亚诺是意大利北部伦巴第区的一座城镇，坐落在米兰西北约二十公里处。

人：如果不让他们进去，他们就把门撞破。演出现场更是盛况空前，威尔第上台谢幕达二十次之多。一个月前带领志愿军团挺进罗马的加里波第将军也在观众席里。一些观众挥舞着缎带和围巾，另一些则把三色徽章别到了衣服上，这三种颜色——红色、白色、绿色——即将成为飘扬在统一的意大利半岛上空的国旗的颜色。

从令人热血沸腾的第一幕开场合唱“意大利万岁”一直到悲情壮烈的第四幕“为祖国而死”，威尔第充分照顾到了观众的爱国主义情感。按和声规则来评判，这部作品可能并不是那么出彩。但是，撇开其政治目的不谈，该作品绝对是一部标准的意大利歌剧。精彩绝伦的歌曲一首接着一首，点燃了全场的观众。所有人都起身呐喊道：“意大利万岁！共和国万岁！威尔第万岁！”然而，审查处的官员很快就下达了禁演通知。威尔第别无他法，只好对《莱尼亚诺战役》的脚本做出修改。剧情的发生地点不再是“米兰”，而变成了“哈勒姆[1]”，“意大利”也被“佛兰德斯地区”所取代。这场演出结束的几天后，即 1849 年 2 月 9 日，罗马共和国宣告成立。不过没过多久，作为共和国领袖的加里波第就被法国士兵和奥地利警察——尤其是奥地利警察——击退了，因为后者已下定决心要铲除他们

1　哈勒姆是荷兰西部北荷兰省的首府。

眼中的这个危险的革命分子。尚在襁褓中的罗马共和国就这样倾覆了。在此之前，威尔第已经离开了罗马。在动荡之势初露端倪之际，他便启程去了更加平静的地区。

威尔第从远处观望着所有事件，狂热的政治火焰烧不到他。不论出于什么原因，他都绝不允许政治生活侵犯他的个人生活！他回到了位于圣阿加塔[1]的私人别墅，这里就像一座四面设防的堡垒，让他觉得很安心。他重新见到了妻子，并时常牵着猎犬在他熟悉的土地上散步。他这样无忧无虑地待在家中，是因为他自私到无法舍弃自己的安逸生活吗？不论原因为何，他都选择了远远地看着意大利书写自己的历史。他总说自己想成为一名“普通士兵”，却从未踏上战场。

既然如此，那意大利人民怎么会在不久的将来把他视作英雄呢？要知道，群众不约而同地为其歌剧里的某些歌曲注入了一种连他自己都不曾想到的深远含义。其实，原因就在于威尔第所使用的语言：他的歌剧语言非常简单，人人都能听懂，连文化程度最低的农民都不会有理解障碍。里面的辞藻不一定华丽，却直击人心。如果说瓦格纳醉心于讨论神话传说，那么威尔第更专注于讲述人间悲剧。他的作品一再强调生命的脆弱、

1 圣阿加塔是意大利艾米利亚－罗马涅大区皮亚琴察省维拉诺瓦苏拉尔达市镇下属的一个小村庄。

情绪的力量以及感情的细腻。他在向人类描述人性。在威尔第的叙述下，即便最粗鄙卑劣的故事都会变得宏伟崇高起来。观众无不受其鼓舞。

对意大利人民而言，这位大师的音乐似乎变成了必须以祖国的名义来保存的宝藏。威尔第甚至遇到过一些失控的场面。在街上，偶尔会有仰慕者疯狂呼喊他的名字。每到这时，他都会耸肩缩颈，不知如何回应。群众的过激举动让他感到很不自在。一天晚上，在罗马银色剧院内，一名观众甚至越过楼座的护栏跳了下来。在意大利人眼里，威尔第已不仅是最受喜爱的音乐家了，还象征着人民为意大利独立而掀起的斗争。

离开圣阿加塔后，威尔第启程去了巴黎，并为自己觅了一处宁静之所。他住在香榭丽舍大街的一套公寓里，远离了意大利的纷纷扰扰。他决定写一首赞歌来捍卫祖国的统一，歌名为《小号之声》（*Sonne la trompette*）。这首歌简单通俗，威尔第梦想着听到它的旋律在伦巴第平原上伴随着炮声响起。然而，士兵们不会有机会唱这首歌了，因为交战双方在几周后就签署了停战协议。

一月又一月过去了，威尔第此时是唯一一位享誉国际的意大利当代音乐家。19 世纪 50 年代初期，爱国题材的歌剧不再时兴。于是，他顺势而为，凭借“通俗三部曲”——《弄臣》

（*Rigoletto*）、《游吟诗人》（*Le Trouvère*）和《茶花女》（*La Traviata*）——达到了音乐生涯的巅峰。从政治来看，追求民族统一的热度已暂时消退。奥地利人重新占领了米兰和威尼斯。不过，撒丁王国的领导人们正在为未来不可避免的交锋做周密的部署。这三部歌剧主要是为声乐而写的。在威尔第的作品中，负责叙事、煽情和造梦的从来都是人声。随着时间的推移，他大胆地改变了演唱方式：痛苦的抽泣、愤怒的叫喊或狂喜时的胡言乱语都成了剧本的一部分。管弦乐只负责伴奏，而不是像在瓦格纳或普契尼的歌剧里那样成为一种叙述手段。威尔第的歌剧从头到尾都是围绕对话建立起来的。人声表达了各种各样的情感：喜悦、悲伤、傲慢……每位观众都可以在这些赤裸裸的情感中找到共鸣，进而产生代入感。

如今，威尔第已过上了富足的生活，不需要每隔六到八个月就产出一部歌剧了。接下来的十年里，在拿破仑三世军队的支持下，意大利半岛的统一指日可待。很快，意大利人民又开始热切期盼祖国的领土能早日挣脱外国侵略者的枷锁了。为了融入革命精神，威尔第刻意把自己的童年经历描述得很悲惨。他夸大了自己的贫寒家境和农民出身，因为这都是当时的平民演说家所颂扬的。他说自己过去是农民，如今依旧是农民，然而事实并不像他说的那样。他虽然是在乡村长大的，却是家里第一个拥有土地并获得收成的：他在圣阿加塔雇用了农民，并把那里的地产经营成了一个农庄。不管怎么说，这些经历都参与塑造了他传奇的一生。

然而，历史再次将他卷入了洪流之中。时光荏苒，现在是1859年。教皇庇护九世已重新接管隶属教会的诸邦国，并在法国军队的保护下进行统治。1月初，撒丁王国国王兼皮埃蒙特亲王埃马努埃莱二世在议会面前放出一句话："我们不能因为遵守条约，就对意大利各地向我们发出的痛苦呼唤充耳不闻。"许多人听出了这句话的弦外音，知道国王不久后将对奥地利宣战。此时，威尔第为新歌剧《假面舞会》（*Un bal masqué*）的首演来到了罗马。他在这部作品中融合了悲剧、喜剧、荒诞剧等体裁，把浪漫主义歌剧带到了一个前所未见的领域。不过，当他听到正厅、楼厅以及包厢内的观众高呼"威尔第万岁"时，还是惊愕不已。因为这一次，这句呼声被赋予了政治含义。

可以说，威尔第的政治生涯开始于歌剧《假面舞会》的首演之夜。因为在那一晚，意大利半岛北部地区的墙面上出现了"VIVA V.E.R.D.I."字样的涂鸦。这是一句口号，意为"威尔第万岁"。我们可以看到，威尔第的意语姓氏"VERDI"的每个字母后面都被加上了一个小圆点作为分隔符。实际上，革命者们不仅在向这位无比爱国的意大利作曲家致敬，也在高呼

“Viva Vittorio Emanuele, re d’ Italia”，即“意大利国王埃马努埃莱二世万岁”，因为“V.E.R.D.I.”恰好是“意大利国王埃马努埃莱二世”的意语首字母缩写。一位作曲家的名字成了人民起义的口号，这种情况在音乐史上可谓前无古人后无来者。当然，起义的目的永远只有一个，那就是完成他们梦寐以求的国家统一大业。不久，这句口号就传遍了整个意大利。当威尔第的《假面舞会》因内容涉及瑞典国王被暗杀而受到审查时[1]，那不勒斯发生了骚乱……

然而，歌剧以外是残酷的现实。两个月后，战争爆发了：一方是奥地利，另一方是撒丁王国和法国（此二者的联盟意在使萨伏依家族的埃马努埃莱二世成为意大利统一后的第一任国王）。据说那一天，埃马努埃莱二世的首相加富尔站在其办公楼的窗口，唱起了歌剧《游吟诗人》中的选段。那是一首名为《柴堆上火焰熊熊》（*Di quella pira*）的歌曲：“柴堆上燃起可怕的火焰 / 好像在燃烧我的心弦！ / 恶人们快用水去熄灭这烈焰 / 否则我将用你们的鲜血去将它浇灭。”与此同时，威尔第决定用他的个人资产来资助其家乡布塞托组建一支国民自卫军。他听说祖国需要他的音乐。他的一首合唱曲——歌剧《纳布科》

1　1856 年，费迪南多二世在那不勒斯被刺杀；1858 年，意大利民族主义者在巴黎向拿破仑三世投炸弹刺杀。故演出前夕，剧本因含有君主被杀的情节而被审查当局认定为不宜上演。

中的《飞吧，思想，乘着金色的翅膀》——成了意大利统一运动的支持者们的集会之歌。十五年前，当这首歌的旋律第一次在斯卡拉歌剧院响起时，观众无不为之感到激动和振奋。

首相加富尔召回了加里波第将军，后者带领三千名士兵把奥地利人打得落荒而逃。回到布塞托后，威尔第发起了一项募捐活动，以救助伤员并慰问在战斗中丧生的意大利士兵家属。1859 年 6 月，索尔费里诺战役[1]胜利后，战败国奥地利把伦巴第割让给了法国，法国随后又把伦巴第归还给了撒丁王国。加富尔正在走向胜利：意大利的若干省份都在公投中表示愿意加入撒丁王国。1859 年 9 月，在帕尔马公国召集的联合省议会投票决定驱逐波旁家族，并禁止他们再踏上公国的领土。此外，有一万七千票赞成联合省加入撒丁王国，二百二十五票反对。威尔第受同事们的委托，负责前往都灵[2]向埃马努埃莱二世汇报投票结果。

每当火车停靠到一个站点，所有人都会涌上来向这位作曲家致意，一些孩子向他献上了花束和三色徽章。到了都灵的王宫，威尔第把投票结果交给了埃马努埃莱二世，但更希望得到

1 在索尔费里诺战役中，由拿破仑三世率领的法国军队和埃马努埃莱二世率领的撒丁王国军队组成的法国－撒丁联军与奥地利帝国开战，并在战斗中获胜。

2 都灵地处意大利北部，在当时是撒丁王国的首都。

加富尔的接见。因为在他眼里，加富尔才是促成意大利统一的真正功臣。9月17日，威尔第如愿以偿地见到了加富尔。在得知这位意大利歌剧大师想要见他后，加富尔觉得受宠若惊。

然而，威尔第的热情很快就冷却了下来——埃马努埃莱二世签署的条约未能收回韦内托，它仍在奥地利帝国的统治之下。威尔第对此愤愤不平："国王之前向我们承诺的独立的意大利在哪儿呢？当初的米兰宣言又算什么呢？难道韦内托不属于意大利吗？经过了这么多场胜利，竟等来这样一个结果！那么多鲜血都白流了！真让人崩溃！"用不了多久，威尔第就卸下了艺术家的身份，转而成为一名人民代表。盛怒之下，他用自己的钱购买了一百七十二支步枪，并把它们运送到了加里波第的志愿军团。此时的加里波第本已下定决心继续朝韦内托的方向进军，但最终决定向意大利南部发起千人远征。随着他的人马沿"靴形半岛"北上，巴勒莫于1860年5月27日被攻占了，接着那不勒斯也于9月7日沦陷了。在成功征服两西西里王国后，新意大利的版图上只差威尼斯、曼托瓦和罗马了。

威尔第宣布了一个令所有人震惊的消息：他将告别舞台，所有与音乐有关的事都已成为过去。此时的他还不到五十岁。1859年9月2日，威尔第在给一个朋友——歌剧剧本作者皮亚威——的信中写道："正如您所知，我已成了一个彻彻底底的农民。我希望这是我与缪斯女神的诀别，但愿我永远不会再有提笔作曲的欲望。”在这段时期，音乐于他似乎已变得相当遥远。不过，即使在布塞托过着与世隔绝的生活，他也仍会在信中写道：“跟我谈谈另一种音乐吧，我最感兴趣的那种。加里波第的八分音符和十六分音符现在怎么样了？你答应过要跟我聊这个的，可你却忘了，你这个固执的家伙。说真的，这些作曲家也太了不起了！他们的歌剧实在太精彩了！终曲简直绝了！尤其是隆隆的炮声！[1]”威尔第时常在信中提到加里波第和加富尔的名字：他们是他的向导。因为威尔第已决意不再碰音乐，所以当收到为几个城市谱写解放赞歌的委托时，他一律回绝了。在历史的浮沉中，他拒绝写下哪怕是一个音符。终于，意大利于1860年基本实现了统一。

同年秋，作为意大利统一的缔造者之一，加富尔觉得是时候组织第一届国民议会了。选民们希望威尔第能成为他们的议员，可作曲家本人并没有这个意愿。对加富尔而言，若这位最伟大的意大利作曲家能够加入新议会，那绝对有助于提升政府的威望。他想要让世界看到意大利王国的大国形象，所以急需

1 威尔第用“另一种音乐”来比喻战争，用“八分音符和十六分音符”来指代当时的战况，用“这些作曲家”来暗指加里波第这样的战争领袖，用“歌剧”来比喻一场场战役。他试图以一种打趣的方式从音乐话题过渡到他更关心的国家战事。

像威尔第这样具有国际影响力的人物。或许现在想办法说服这位音乐大师还来得及，加富尔心想。然而，他既期待又害怕看到威尔第的反应。

1861 年 1 月的某个夜里，一辆汽车把威尔第送到了都灵的一栋私人府邸前，从屋内的客厅里透出微弱的灯光。他与意大利王国的首相加富尔约了凌晨五点在后者家中会面。一个男人从里面走了出来，他是与首相约在凌晨四点见面的访客。仓促之中，威尔第只认出了对方是亚历山德罗·曼佐尼（Alessandro Manzoni）——他个人非常钦佩的一位著名小说家，《约婚夫妇》（*Fiancés*，现代意大利的第一本伟大著作）的作者。很显然，加富尔刚接见完意大利最顶尖的作家，又准备与当代最重要的作曲家会晤。威尔第在加富尔的面前再三重复：他对政治一窍不通，也不想成为议员，他只是个音乐家，仅此而已。但加富尔却很执着，称如果没有威尔第的参与，他将无法实现自己深入改革社会的计划。是加富尔的坚持让威尔第妥协了，还是他震撼的言辞使威尔第产生了某种觉悟？不管怎么说，威尔第最终还是答应了，因为他不想令这个对他寄予厚望的人失望。就这样，他成了艾米利亚选区的候选人之一。

意大利经过浴血奋战才赢得独立，接下来的任务是使来自各个省份的意大利人缔结成一个民族。可问题是，他们当中仅有不到2%的人会说意大利语。这门但丁[1]和彼特拉克[2]所使用的语言，在当时只被大学和文学界掌握。意大利语不能仅仅作为极少数精英人士的语言来使用，必须设法推广它。为此，曼佐尼将对意大利语做出一些调整，使之能被所有人读懂。此外，意大利语还将借助威尔第的作品被唱出来，从而成为全民族的语言。

威尔第没有为即将到来的选举做任何努力，连一场公开演讲都没有组织过。加富尔无法坐视不管，于是派了手下的几个人去说服选民为他投票。时间紧迫，只剩下几天了。1861年1月27日，议会选举正式开始。由于一些人对新制度的到来持怀疑态度，将近二分之一的选民都没有到场参加投票。结果，威尔第获得了二百九十八票，他的对手获得了一百八十五票。但因为第一轮投票时法定人数不足，所以艾米利亚选区不得不在一周后举行第二轮投票。最终，威尔第在选举中胜出，成了波勾圣多尼诺[3]的议员。

1　但丁·阿利吉耶里（1265—1321）是意大利中世纪诗人，现代意大利语的奠基者，欧洲文艺复兴时代的开拓者，以史诗《神曲》留名后世。

2　弗朗切斯科·彼特拉克（1304—1374）是意大利学者、诗人和早期的人文主义者，被誉为“人文主义之父”。

3　波勾圣多尼诺是意大利艾米利亚－罗马涅大区帕尔马省的一个市镇，已于1927年更名为“菲登扎”。

三周后，新议员的宣誓就职仪式在都灵的众议院如期举行。威尔第的所有忠实追随者都到场表示支持，在为公众预留的楼座上坐了下来。一开始，国家首相、政府官员以及国民议会的议员先向威尔第致以问候，这场面就像他在斯卡拉歌剧院上演新歌剧一样。当天夜里，威尔第决定去都灵皇家歌剧院听一出唐尼采蒂[1]的歌剧，由于不想引人注意，他出门时披了一件黑色的斗篷。到了剧院的楼厅，他正准备找靠近护栏的座位坐下时，有观众认出了他。大家立刻转过身来向这位大师喊道："威尔第万岁！"同十年前一样，威尔第并不喜欢公众以这种方式向他表达热情。欢呼声持续了好几分钟。加富尔力邀威尔第从政的决定是正确的：这位作曲家的声望一如既往。为了给这个有利的政治时期锦上添花，埃马努埃莱二世于 3 月正式宣布成为意大利王国的首任国王。当时，只有威尼斯仍在奥地利帝国的掌控之下。

由于当选议员并非出于自愿，威尔第开始频频缺席议会会议。担任议员之后，他做的唯一一件事就是捍卫音乐和音乐家的权利。几个星期以来，他一直没有在其他辩论中发言。最后，他干脆连面都不露了。在威尔第当选议员的四个月后，加富尔

1　加埃塔诺・唐尼采蒂（1797—1848）是意大利浪漫主义歌剧乐派的代表人物。

因高烧不退和精力枯竭而去世。自此，威尔第更加没有了从政的动力。他将继续担任议员直至任期届满，但不会再出席众议院的任何会议。

威尔第又重新回到了音乐之路上。他之所以做出这一选择，或许是因为想念创作生活了，但也是出于经济方面的考量。他正在雇人翻新他位于圣阿加塔的别墅，装修费用可是一笔不小的开支。1862 年，他为世界博览会的开幕式来到了伦敦。主办方委托他为这一盛事作曲。然而，他并不是唯一一位接到委托的音乐家，奥柏[1]、梅耶贝尔[2]和罗西尼也收到了作曲邀约。罗西尼很讨厌这种差事，所以主动弃权了。于是，威尔第成了唯一能捍卫年轻的意大利王国的荣誉之人。他为此创作了一部康塔塔，名为《万国颂》（*Hymne des nations*）。这部作品以一首欢乐的人民大合唱开头，并在结尾致敬了三个伟大的国家（英国、法国和意大利）——威尔第让三个国家的国歌以相互交织的形式出现在作品中。然而，他的康塔塔并没有获准上演——这部作品因需要动用合唱团而违规了。威尔第带着受辱的心情回到了意大利，仿佛自己国家的尊严遭到了践踏。

1　丹尼尔·奥柏（1782—1871）是法国作曲家，曾任巴黎音乐学院院长、皇家小圣堂乐长等职。

2　贾科莫·梅耶贝尔（1791—1864）是德国作曲家，虽出生于德国柏林，却是 19 世纪法国式大歌剧的创建人和主要代表人物。

对威尔第及大多数爱国人士而言，只有当罗马正式成为新王国的首都时，意大利民族的建设大业才算真正完成。1866年，民族主义的热潮蔓延到了意大利王国的部分地区。不久，韦内托获得了解放。接着，在1870年9月，罗马成了意大利的首都。“靴形半岛”的统一终于实现了。如今，威尔第大部分时间都隐居在其位于热那亚的寓所中。在书信里，他毫不掩饰自己的想法：“政治”已成了一个让他无法忍受的字眼。尤其当他得知意大利军队已被奥地利人击败，意大利王国是仰仗普鲁士军队才收复了威尼斯时，他内心的苦涩更是有增无减。

威尔第知道自己已走到了人生的最后阶段，因此基本不再关心政治了。1874年，时年六十一岁的他当选了终身参议员，这与其说是一个真正的职位，不如说是为了表达对他的尊重而设立的。威尔第喜欢受到表彰：自从在1847年被法国国王路易-菲利普授予荣誉军团勋章以来，他会毫不犹豫地在自己的歌剧海报上彰显这一荣誉，并引以为傲。

时间来到了1887年，威尔第已是一位七十四岁的老人了，但仍是意大利民族永恒的象征。2月的一个夜晚，威尔第在米兰出席了《奥赛罗》（*Otello*）的首演。这是他的第二十七部歌剧，改编自莎士比亚的同名戏剧。现场观众反响热烈。在他们眼里，威尔第无疑是意大利艺术界最伟大的人物。每一幕演出结束后，威尔第都会在呐喊欢呼声中上台致谢。由于观众的掌声经久不息，扮演奥赛罗的男高音甚至不得不把开场时的那首著名的《欢呼吧》（*Esultate*）又唱了一遍。有个细节令威尔第感到颇为惊讶，那就是观众在聆听奥赛罗的第一段唱词时的反应。歌剧第一幕中，这位威尼斯军队的将军在成功击败土耳其人之后，重新回到了自己的战舰上。在铜管乐器的伴奏下，他放声向世人宣布自己凯旋的消息。当听到男高音唱出“我已将穆斯林的傲慢埋葬到海底”时，观众无不为之动容。这一幕是威尔第出于自己的爱国情怀特意安排的吗？实际上，这并不是他的主意。然而在大众看来，这就是。

八天前，在意大利征服厄立特里亚[1]的侵略战争中，意军的一个纵队在多加利[2]遭到了阿比西尼亚（埃塞俄比亚的旧称）人的歼杀，以致五百余人丧生。这一事件所催生的悲痛情绪足以使观众把奥赛罗的高歌看成一种爱国情感的宣泄、一种胜利的呐喊、一种宁折不弯的姿态。如当年《纳布科》和《埃尔纳尼》上演时那样，威尔第再次成了全意大利的英雄。听着他的音乐，人们仿佛看到了新世界的大门向他们敞开。走出斯卡拉歌剧院后，一些观众甚至来到了威尔第下榻的米兰大酒店门口，在他

1　厄立特里亚是位于非洲东北部的国家，南邻埃塞俄比亚。

2　多加利是厄立特里亚的一个市镇，在马萨瓦港以西约二十公里处。

入住的套房阳台下等着他出来和人群打招呼。

对一个洞穿世事的老者而言，荣耀已没有了往昔的滋味。自《纳布科》首演以来，四十多年过去了。这位音乐大师仍在为那些他不曾有过的政治意图而广受赞誉。从好几年前开始，他就在圣阿加塔的别墅过起了幽居生活。被视作英雄的威尔第早就不记得意大利统一运动时的狂热了。

1862

—

1918

克劳德·德彪西

一战中的爱国者

看到其他人都在奋战，德彪西无法忍受自己的不作为。战胜敌人的方法不应该只有一种，他心想。而他的英雄主义行为将通过音乐来完成。

▶ 推荐聆赏《白与黑》

𝄞

1914 年，第一次世界大战爆发时，克劳德·德彪西（Claude Debussy）饱含热情地走上了爱国主义之路，甚至陷入了一种极端的民族主义情绪中。连续四年，他都致力于创作带有鲜明政治立场的音乐，因此写出了一批极具现代气息的作品。他目睹了战争的残酷，并对此深恶痛绝。对他而言，高举法国文化的旗帜也是一种赢得战争的方式。为此，德彪西将在后方以他自己的方式来引领这场战斗。

庄严而悲凉的警钟声响彻了整个巴黎。在隆隆钟鸣的催促下，市民们纷纷来到街上。工人离开了工厂，行人占满了人行道。这一次，警钟响起不是为了通报火灾。这是一次全民总动员。1914 年 8 月 1 日下午四点，在首都街头的压抑氛围中，一批骑马或驾车的宪兵带来了总动员的官方布告，并把它们张贴到了市政厅、学校、邮局门前的墙上。人们仔细阅读着，沉默不语，然后各自步行回家。有轨电车和公共汽车已被军队征用，停止了运营。在此之前，有传言称战争即将来临。一些人不相信，但德彪西是相信的，只不过他没有料到这一天会来得这么快。

他在7月底已经明显感觉到了国际局势的恶化。他的同行——作曲家埃里克·萨蒂[1]（Erik Satie）——参加了阿尔克伊[2]的社会党民兵部队，在夜间巡逻街市，随时准备进入作战状态。从法国宣布参战的那一刻起，德彪西就明白，一场旷日持久的劫难才刚刚开始。他知道一切都将变得不同，即使他努力挣扎也没有用，这场战争已经让他心如刀绞了。1914年8月初，他在国外旅行演出了六个月后，刚从伦敦回来。作为著名的《牧神午后前奏曲》（*Prélude à l'après-midi d'un faune*）及歌剧《佩利亚斯与梅丽桑德》（*Pelléas et Mélisande*）的作者，他被认为是当时最重要的艺术家之一。此外，他还从魏尔伦[3]和波德莱尔[4]的诗歌中汲取灵感，创造了一种全新的音乐语言。

1 埃里克·萨蒂（1866—1925）是法国作曲家，其创作风格多变，以标新立异著称，对青年一代先锋派颇有启迪。

2 阿尔克伊是法国城镇，位于法兰西岛大区所辖的瓦勒德马恩省。

3 保罗·魏尔伦（1844—1896）是法国象征派诗人，在法国诗歌史上占有重要地位。

4 夏尔·波德莱尔（1821—1867）是法国19世纪最著名的现代派诗人，也是象征派诗歌的先驱。

一回到祖国就不得不面对战争，他简直无法想象比这更糟的情况。

将近四百万人被征召入伍。时年五十二岁的德彪西逃过了这次总动员，因为预备役军人的年龄上限为四十八岁。许多士兵都笃信这次的战斗会相当短暂，并向家人发誓自己很快就会回来，最迟到秋天。对某些人来说，这只是一次复仇。自1870年惨败[1]后，他们等这次机会已经等了太久，迫不及待地要投身泥泞的战壕。德彪西已经过了冲锋陷阵的年龄，更何况，他不可能拖着病体去捍卫国家。癌症已经开始吞噬他的健康了，这种不治之症将在四年后夺走他的生命。

德彪西不再碰他的钢琴了。这架博兰斯勒[2]的音色柔和而清晰，德彪西曾弹奏着它写出了自己最美妙的作品。然而此刻，这架钢琴在他的眼里已不再具有吸引力，发出的声音甚至让他觉得刺耳。德彪西仿佛生活在一团令他日渐窒息的迷雾中。他接下作曲订单却迟迟交不出作品，因此积累了不少债务。他虽

1 1870年，普法战争爆发，起因是普鲁士王国想要统一德国，并与法兰西第二帝国争夺欧洲大陆的霸权。战争是由法国发起的，最后以普鲁士大获全胜，建立德意志帝国而告终。

2 博兰斯勒是德国著名的钢琴品牌，由尤利乌斯·博兰斯勒于1853年在世界音乐文化名城莱比锡创立。由于钢琴产自德国，因此德彪西出于爱国情怀对它产生了厌恶。

然不能去前线打仗，但无论如何都打算以某种方式参与到战争中去。为此，他带着一个执着的念头联系了各大音乐厅的经理，告诉他们：只要战争仍未结束，只要法国仍前途未卜，他的任何作品就不能在国外上演。在他看来，在无数法国士兵遭到屠杀的时候还让敌人演奏自己的作品，是龌龊不堪的。德彪西很想写一首英雄进行曲，但很快又改变了主意，因为躲在子弹打不到的地方佯装自己是一个无所畏惧的作曲家，这种行为在他看来实在可笑。

席卷法国的爱国主义浪潮感染了德彪西。目前，全国上下只演出法国音乐，但莫扎特、贝多芬或巴赫的作品却是例外。德彪西坚信德国从很久以前就在预谋通过文化渗透来摧毁法国精神了。为了表明自己的态度，他甚至摒弃了那些他在年轻时特别着迷的作曲家，第一个便是瓦格纳。德彪西信奉这样一条理论：瓦格纳是被德国派来日耳曼化法国人民的。可是，他为什么会对即将上演的争端感到如此担心呢？莫非他内心的伤口一直以来都未痊愈？实际上，有件事在他的童年留下了阴影，可他从来没有告诉过任何人。九岁那年，他目睹了父亲因在巴黎公社期间担任国民自卫军的营长而被军事法庭判处监禁，后来被剥夺公民权利的过程。当时的德彪西用还是孩子的眼睛看到了战争可能带来的后果。

8 月底，在冲突开始仅三周后，法军便撤退了。德彪西该去还是该留呢？法国政府已经被迫迁往波尔多避难了。虽然他本人很想留在巴黎，可他不想让妻子埃玛和八岁的女儿“秀秀”[1]替他担心。再拖延下去也无济于事，于是德彪西同五十万巴黎居民一样，在这个时候离开了首都。他登上了一辆前往昂热的火车。旅途中，他朝车窗外瞥了一眼，然后突然拿起铅笔在自己的护照背面记录下了一串音符，这是他几个星期以来第一次动笔。这串音符便是他的《十二首钢琴练习曲》（*Études*）的雏形，这部作品将于两年后被出版发行。

这套练习曲在很多地方都流露出了德彪西对正在打响的战争所表现出的被压抑的愤怒，每个音符都充满了故事。在一个极富感染力的和弦之后，乐曲几度凝滞在了无垠的静谧中。有时候，旋律会滑向高音，就像是一次在耳畔的轻抚。接着，遥远的主题逐渐变得清晰，一些音符强硬而干脆，另一些则朦胧缥缈，似有若无。从未有人把对钢琴音色的探索推进到这种程度。德彪西尽情施展着他的音乐魔法，有些段落听起来像是即兴创作，但事实并非如此。他偶尔甚至会被自己营造出的声效惊到。总之，德彪西基本上从未对自己的作品如此满意过。

1 “秀秀”是德彪西为女儿取的小名。孩子的真名为“克劳德–埃玛·德彪西”，这个名字由父母双方的名字组成，以示夫妻的恩爱。

到达昂热后，他通过报纸上的消息密切关注着马恩河战役[1]的进展。最终，法军在总指挥霞飞[2]的指挥下取得了胜利。德彪西听到一些法国士兵在练习演奏小号和军鼓，他们奏出的旋律让他联想到了瓦格纳的作品。接着，他在面朝英吉利海峡的法国城镇普尔维尔安顿下来，住在朋友借给他的一幢别墅里。不久，他就陷入了物资匮乏的困境：煤炭严重短缺，五线谱纸更是如此。战争陷入了僵局，法军虽然发起了接二连三的进攻，但均无果而终。看到其他人都在奋战，德彪西无法忍受自己的不作为。战胜敌人的方法不应该只有一种，他心想。而他的英雄主义行为将通过音乐来完成。

战争于他意味着什么？战争意味着前沿阵地的枪炮声、士兵的哀号声以及大炮的轰鸣声。然而德彪西无法用音乐来表现这一切，因为这不符合他的音乐风格。为了诠释战争主题，他采取了一种截然相反的方式。1914年11月，他受委托创作了一首名为《英雄摇篮曲》（*Berceuse héroïque*）的作品，并把它题献给了比利时国王及其士兵，以赞许他们的英勇行为：比利时在战争之初的顽强抵抗延迟了德军对法国的入侵，进

1 马恩河战役是第一次世界大战西部战线的一次战役，发生在1914年9月5日至12日。在这场战役中，英法联军合力打败了德军。

2 约瑟夫·霞飞（1852—1931）是法国元帅和军事家，在第一次世界大战初期担任法军总指挥。

而为法国赢得了时间。乐曲开头便营造出了悲凉的氛围，大提琴和低音提琴齐声演奏出低音。随着小号声的响起，人们似乎听到了战斗的厮杀声。渐渐地，这些声音变得越来越遥远，仿佛士兵们已在佛兰德斯地区的阴冷战壕中化作了鬼魂。接着，乐曲中隐约出现了比利时国歌《布拉班人之歌》（*La Brabançonne*）的旋律。这首曲子与德彪西以往的作品截然不同：它不具备古典乐的传统形式，而是营造了一个又一个的意境。没有哪种音乐能够准确地描绘出天空的颜色和前线士兵们脸上的表情。所谓的“战争音乐”根本就不存在，德彪西对此十分肯定。

在这场夺走其友人生命的战争中，德彪西大声疾呼回归法国音乐传统的重要性，仿佛只有这样，人们才能重温那片失落的天堂。要知道，他过去一直都以大胆借鉴欧洲以外的音乐文化著称。可如今，他却想重现法国音乐的辉煌，后者已经在太多因素的影响下变得不再纯正。创作法式音乐成了德彪西的战斗目标。从此，他将把简练的音乐语言、清晰明了的旋律线，以及古典主义的传统置于首位。德彪西认为自己是法国音乐大师库普兰[1]和拉莫的继承人。为了表明自己与他们一脉相承，

1 弗朗索瓦·库普兰（1668—1733）是法国巴洛克时期的著名作曲家，被称为“法国键盘音乐之父”。

他会在署名时给自己的姓名加上一个听起来犹如贵族头衔的称谓——“克劳德·德彪西，法兰西音乐家”。

德彪西重新投入创作中。他像疯子似的工作着，仿佛第二天就要死去一样。他甚至忘了自己还需要吃饭和睡觉。他在巴黎的住宅距布洛涅森林仅几步之遥，然而在这么漂亮的林苑别墅里，他却无暇欣赏花园或享受落叶散发的天然芳香。他的目标是模仿18世纪音乐大师们的优雅和魅力。乐稿上的涂改痕迹展现了作曲家为追求完美音色和理想配器所做出的不懈探索。对他而言，净化音乐就是在向现代性靠拢。1915年夏，他游刃有余地创作着，才思如泉涌，就好像那些音符都已在他的大脑里排列组合好了，只须誊写到谱纸上一样。

德彪西忍受着病痛的折磨，一心只想证明法国思想是无法被毁灭的。他计划为不同的乐器谱写六首奏鸣曲，其中一首使用了大提琴，一首使用了长笛、中提琴和竖琴，还有一首使用了小提琴。由于他已时日无多，因此最后只完成了这三首。面朝大海，他在谱纸上一气呵成地写下了他的《大提琴与钢琴奏鸣曲》（*Sonate pour violoncelle et piano*）。乐曲的开头气派而庄严，很容易让人联想到法式序曲。在被他命名为“小夜曲”的第二乐章中，德彪西致敬了17世纪的戏剧。他在乐稿上注明该曲应演绎出轻佻怪诞之感，谱纸上布满了需要用断奏[1]和大提琴拨奏[2]来处理的音符。德彪西似乎想以此来模仿吉他和曼陀林[3]，这两种乐器曾在三个世纪前被运用于那些有意大利喜剧角色出现的戏装游乐会。

德彪西度过了创作瓶颈期，写不出作品的焦虑已成遥远的回忆。同许多艺术家一样，他会在物质上帮助那些受伤的士兵。1915年秋，他在回到巴黎后举办了数场音乐会，并将自己的手稿拿去出售，所得收入全部捐赠给了战争的受害者。圣诞节将近，德彪西对德国的仇恨丝毫没有减弱。他看到一座座法国教堂被炮弹摧毁，从兰斯大教堂到战地村庄里的小教堂无一幸免。在那些被敌人侵占的领土上，孩子们该如何生活？想到这里，德彪西决定为他们写一首歌曲，名为《圣诞节里无家可归的孩子们》（*Noël des enfants qui n'ont plus de maison*）。他亲自填写了歌词："我们没有家了！敌人夺走了一切，一切的一切，甚至是我们的小床！……妈妈死了，爸爸去打仗了，我们没有鞋可以穿了。比起玩具，我们更喜欢面包。"德彪西的目的只有一个，那就是令听众喉头哽咽，潸然泪下。他心想，这首歌

1　断奏是指让每个音之间都断开的演奏方法。

2　拨奏是指在拉弦乐器上用手指拨动琴弦发声。

3　曼陀林又译"曼多林"，拨奏弦鸣乐器，是意大利等地伴奏民歌用的一种四弦琴。音乐明亮而纤细，常用来独奏或为歌舞伴奏。

的曲子简单流畅，歌词直截了当，一定能打动每一个听到它的人，并说服最后一批不抵抗主义者加入他的行列。果然，这首作品取得的成功超出了他的预期。

战争陷入了堑壕战的胶着状态。1916 年 2 月，德军向凡尔登以北的法军防线发起猛攻，由此揭开了凡尔登战役的序幕。德彪西远程关注着这场持续了十个月之久的激烈战役。最终，法军虽重新掌握了胜势，但损兵折将，伤亡惨重。刚到夏季时，法军已有近十五万人阵亡，与德军损失的人数相当。这场血腥漫长的“屠杀”使德彪西心中的愤恨变得越发难以抑制了。

从前线传来的一些见闻令他十分感动。一些士兵甚至在战场上提到了他的名字，比如他的朋友向他讲述了自己在凡尔登遇见的一名伤兵的故事。这名士兵曾看了四十次《佩利亚斯与梅丽桑德》（德彪西的唯一一部歌剧，其故事情节脱胎于特里斯坦与伊索尔德[1]的传说），称自己被剧中的动人音乐击中了心灵，即使身在凡尔登的壕沟内也会时时回忆起它的旋律。有时候，德彪西的音乐甚至会在战壕里响起。

旷野中，两名头戴帽盔的士兵不顾枪林弹雨的威胁演奏起

1　特里斯坦与伊索尔德的故事起源于古代凯尔特族的传说，传说中康沃尔国王的外甥特里斯坦与未来的康沃尔王后伊索尔德之间产生了爱意，但这段不伦之恋注定以悲剧收场。

了他的《大提琴与钢琴奏鸣曲》。他们是德彪西的朋友——莫里斯·马雷夏尔[1]（Maurice Maréchal）和安德烈·卡普莱[2]（André Caplet）。尽管手边的物资有限，但他们并没有放弃排练。他们拥有一把大提琴、一架钢琴和一张写有音符的纸条，其中大提琴是他们用一扇门和一个弹药箱的木板制成的；钢琴则是可拆卸的，部队到哪儿都可以带着它。每当有片刻的休息时间，他们只要互换一下眼神、点个头，便心领神会地一同演奏起来。他们试图不让突如其来的爆炸声打断自己，强迫自己忽略机枪的扫射声，并竭尽所能地拉动着琴弓、敲击着琴键。在某个瞬间，士兵们产生了一种错觉，以为自己已远离战争的硝烟。深陷壕沟的泥泞中，他们只能借此来释放一点压力。听到这些，德彪西可能在想：在离德国人仅几米远的地方演奏法国音乐，这是何等英勇的行为啊！

身在巴黎的德彪西再次感到了身体的虚弱，从体内侵蚀着他的癌症让他越来越难以忍受了。他还在继续接见一些音乐家，并参加与音乐相关的评审工作，甚至还幻想着去英格兰和苏格兰开巡回音乐会。人们邀请他到马德里去指挥自己作品的演出，

1 莫里斯·马雷夏尔（1892—1964）是法国的大提琴演奏家。德彪西、拉威尔等一流作曲家都曾将自己的作品题献给他。

2 安德烈·卡普莱（1878—1925）是法国作曲家，为德彪西的许多乐曲做过配器工作。

但医生们一致反对他进行远途旅行。此外，他的个人财务问题日益严重，使情况雪上加霜。由于售卖乐谱手稿给他带来的收入甚微，德彪西不得不向银行贷款，甚至把自己所有的著作权都出让给了一家保险公司。德彪西打算为圣女贞德[1]（Jeanne d'Arc，为拯救人民而英勇牺牲的民族英雄）谱写一部由合唱团和管弦乐团共同演绎的大型爱国主义题材作品。然而，他的病情将阻止他完成这一计划。尽管此时此刻，他的身体还能够勉强支撑。

1916年冬，在一个寒冷的夜晚，德彪西到巴黎某沙龙出席了一场慈善晚宴。宴会上筹得的善款将被捐给一个名为"战俘之衣"[2]的慈善机构，而他的妻子埃玛正是该机构的负责人之一。像往常一样，德彪西以一身整齐的穿戴出现在众人眼前：黑西装、白衬衣、领结。一坐到钢琴前，他时常抱怨的那种巨大的疲劳感便顷刻间烟消云散。那一晚，他所演奏的作品成功地引起了所有人的注意。那是他刚创作完成的双钢琴组曲《白与黑》

1　圣女贞德（1412—1431）是法国的民族英雄，天主教圣人。在英法百年战争中，她带领法兰西王国军队抵抗英格兰王国军队的入侵，最后被捕并被处以火刑。

2　"战俘之衣"是法国红十字会的附属机构，其创办目的是让那些被囚禁在德国的法国和比利时战俘（军人和平民）有衣可穿。

（*En blanc et noir*），取意于委拉斯开兹[1]的灰色调[2]，而非黑与白的强烈对比。钢琴是德彪西最钟情的乐器。他的弹奏技法已达到了炉火纯青的地步，以至他可以用手指在琴键上调制出最朦胧温润或最浓烈的色彩。《白与黑》包含三个乐章，每个乐章都被题献给了一位在一战中遭德军杀害的烈士。在该乐章中，模仿排钟乐音的片段让人隐隐听到了《马赛曲》的旋律。随着乐曲的推进，军号的旋律反复出现，如同他于 1914 年在昂热的旅馆房间里听到的军号声一样，成了挥之不去的记忆。

德彪西的左右手在钢琴键盘上交叉弹奏起来，仿佛是为了使旋律和泛音听起来更加细腻精致。他利用个性化的指法创造出了独一无二的音效。然而，这部作品并不易懂。低音 C 缓慢地重复着，好似丧钟一般。人们不得不竖起耳朵聆听，因为乐曲的调性时常会变得模糊。远方似乎响起一段旋律，但紧接着，它的轮廓消失了，节奏也不那么明显了。取而代之的是一段鬼魂般的音乐，如泣如诉，痛彻心扉。稍远处，某些节拍让人联

1　委拉斯开兹（1599—1660）是 17 世纪西班牙最伟大的画家，对印象派的创生有很大的影响。

2　委拉斯开兹在其画作中大量运用介于明暗之间的灰色调，其对灰色调等级的搭配接近照片时代才能达到的效果。

想起了舒曼[1]和肖邦[2]的浪漫主义音乐。为了象征德国，德彪西引用了马丁・路德的众赞歌《上帝是我们坚固的堡垒》（*C'est un rempart que notre Dieu*）中的一小段，并对其进行了变奏。在该沙龙的金色宴会厅里，这首曲子的现代感惊艳到了现场的每一位客人。

战争已持续了将近三年。日复一日，敌人依旧是敌人。德彪西及其他一些作曲家，比如圣桑[3]，刚刚成立了"法国音乐国防同盟会"。每个成员都要遵循一条原则：在音乐会上只演奏法国音乐，尤其是那些在战争中牺牲、受伤或被俘的作曲家的作品。

德彪西的体力正在进一步衰退。他最后一次鼓起勇气在音乐会上弹奏钢琴是在 1917 年 5 月 5 日，地点是佳沃音乐厅[4]。那是他作为音乐家的告别演出。他与小提琴家加斯东・普莱（Gaston Poulet）共同合作演绎了他刚完成的《小提琴与钢琴

---

1 罗伯特・舒曼（1810—1856）是德国作曲家，也是浪漫主义音乐成熟时期的代表人物之一。

2 弗里德里克・肖邦（1810—1849）是波兰知名作曲家和钢琴家，波兰音乐史上的重要人物之一，也是欧洲 19 世纪浪漫主义音乐的代表人物。

3 卡米尔・圣桑（1835—1921）是法国浪漫主义时期的一位多产的作曲家，也是键盘乐器演奏家。

4 佳沃音乐厅始建于 1906—1907 年，是巴黎较为豪华的音乐厅之一。

奏鸣曲》。这将是公众最后一次在舞台上看到他。尽管他当天身着黑色西装，头发向后梳得服帖有型，但他消瘦的脸颊以及恍惚的精神状态，着实让那些得以走近他的人感到吃惊。有时候，他甚至找不到钢琴的踏板。黑白键的数量实在太多了，他似乎已无力应对。为了帮他止痛，医生们给他注射了大剂量的吗啡。然而，许多人还是从他的倦容中读出了病魔对他的长期折磨。键盘上，他那双肿胀却依旧灵活的手似乎比他的身体还要沉重。

战争摧毁了德彪西的精神和意志。不过，他于 1917 年 11 月又重新燃起了希望：克列孟梭[1]将领导新政府加强对德国的军事打击。正是这届政府在一年后带领法国走向了胜利，但遗憾的是，德彪西将无缘目睹这一切。

1918 年 3 月 23 日，德军对巴黎发动了两次进攻，并进行了“空袭”，每隔十五分钟就有一枚远程炮弹划过天空。那是德国克虏伯兵工厂的最新研发成果：一种射程达一百二十公里的远程火炮。它们猛烈地轰炸着法国首都，教堂传来的警钟声振聋发聩，刺耳的防空警报预示着从天而降的死亡威胁。听到

1　乔治·克列孟梭（1841—1929）曾两次出任法国总理，其中最重要的一次是在一战期间，他于 1917 年 11 月 15 日接任法兰西第三共和国的总理职位，并极力主张作战，带领法国战胜了德国，一雪普法战争之耻，重振了法国的国威，因此被誉为“胜利之父”。

警报声时，德彪西连躲到自家地窖的力气都没有了。两天后的周一，伴随着德军袭击巴黎的隆隆炮声，德彪西于家中凄然去世。在一些人对形势感到绝望的当口，他的死讯完全被战争的喧嚣淹没了。在没有官方悼词的情况下，他的遗体被葬在了巴黎帕西公墓。

几天后，报界纷纷悼念这位像华托[1]、弗拉戈纳尔[2]和乌冬[3]一样杰出的法国英才。人们对其激进的民族主义情怀表示赞许，并颂扬了他独一无二的细腻乐风和高瞻远瞩的音乐境界。战争尚未结束，但各大音乐厅继续上演着德彪西的作品，比如那首在他生前被演奏得最多的交响诗——《牧神午后前奏曲》。

1　让－安托万·华托（1684—1721）是法国洛可可时期的代表画家。

2　让－奥诺雷·弗拉戈纳尔（1732—1806）是法国洛可可时期的最后一位重要代表画家。

3　让－安托万·乌东（1741—1828）是法国新古典主义的雕塑家。

1864
—
1949

理查·施特劳斯

纳粹主义的同谋?

戈培尔一眼就看出了施特劳斯的自我、狂妄和存在欲。他知道，只要好好地加以利用，他就能将这个目前在世的最伟大的德国作曲家变成手中的一枚棋子。

▶ 推荐聆赏《最后四首歌》

𝄞

希特勒掌权之后，许多艺术家都离开了德国，理查·施特劳斯（Richard Strauss）必须做出选择——屈服或抗争。身为一个机会主义者，他决定努力适应纳粹政权，从而继续留在德国音乐界。在希特勒统治德国的十二年间，他顺从地接受了德意志第三帝国[1]的政策，为人处世谨小慎微，以免得罪领导人。他将因服务于纳粹而使名誉受累，并成为纳粹文化宣传中的一枚重要棋子。

当希特勒于1933年1月上台时，施特劳斯已成为德国在世的作曲家中最有名的一位。年近七十岁的他凭借歌剧《莎乐美》（*Salomé*）、《埃莱克特拉》（*Elektra*）和《玫瑰骑士》（*Le Chevalier à la rose*）的成功享受了二十年的财富和荣耀。他结

1 德意志第三帝国又称“纳粹德国”，指在1933—1945年由民族社会主义德意志工人党执政的德国。

识过瓦格纳和勃拉姆斯[1]，并被后者视为其当之无愧的接班人。施特劳斯打算继承这些音乐大师的衣钵，因为他崇尚并热爱德意志古典音乐传统，对瓦格纳和莫扎特敬仰万分。他已经拥有了金钱和名望，如今只痴迷一件事，那就是音乐。

他知道此刻正关乎着德国的命运，但并未看到灾难降临。尽管周围的人都在提醒他危险迫在眉睫，战争将不可避免，但施特劳斯坚信希特勒会为这个国家带来秩序。在经历了魏玛共和国[2]的混乱统治后，在恶性通货膨胀掏空了德国人的钱袋后，他认为纳粹政权的到来只会使现状好转。根植于传统的资产阶级社会，施特劳斯十分信赖专制政体。

总之，他从一开始便选择了信任希特勒，就像他之前接受德意志帝国末代皇帝威廉二世的统治一样。“我既然能在皇帝在位时创作音乐，那也一定能在希特勒的政权下安然度日。”他解释道。这种轻描淡写的语气令周围人惊讶不已。难道他在自欺欺人吗？不是的。事实上，他真的被这个新政权征服了。1933年3月，他在给其出版人的信中写道：“这趟柏林之旅令

1　约翰内斯·勃拉姆斯（1833—1897）是德国古典主义音乐大师中的最后一人，在欧洲音乐史上占有崇高的地位。

2　魏玛共和国是指1919—1933年采用共和宪政政体的德国，于德国一战失败、德皇威廉二世下台后成立，后因阿道夫·希特勒及纳粹党在1933年上台执政而结束。

我印象深刻。等革命[1]初期的喧嚣平息后，我对德国艺术界的未来还是充满希望的。”

施特劳斯期待希特勒对待艺术的态度会比前几位执政者更开放，因为他梦想着对音乐界进行深入改革。他想做一件大事，一件关乎所有德国艺术家的大事：更改现行的著作权规定，把版权期限从三十年延长至五十年。不过他也明白，要想实现这一目标，他必须与希特勒攀上关系（他对这种事早就熟门熟路了，在他的职业生涯中，他总在想方设法地接近那些位高权重者）。为此，他得先与新上任的宣传部部长戈培尔[2]博士打上交道。施特劳斯于 1933 年 7 月见到了对方。当时正值拜罗伊特音乐节[3]，施特劳斯在音乐节上担任乐团指挥，这可是个千载难逢的机会。于是，他直截了当地向戈培尔表明了自己的音乐信念和改革意愿。戈培尔十分钦慕眼前的这位音乐大师，不露声色地倾听着对方的忧虑。他似乎十分赞同，却又言辞含糊。戈培尔久久地注视着施特劳斯的眼睛，观察着他的态度和表情，

1　纳粹党人在 1933 年上半年为攫取权力采取了一系列非法手段，推翻了既有的政治体制，并将这个过程标榜为“国家社会主义革命”。

2　约瑟夫·戈培尔（1897—1945）在纳粹德国时期担任国民教育与宣传部部长。他曾于 1921 年获得海德堡大学的哲学博士学位，其博士论文探讨了 19 世纪的浪漫主义喜剧。

3　拜罗伊特音乐节是每年七八月在德国拜罗伊特节日剧院举行的音乐节，始于 1876 年。

然后洞悉了他是怎样一个人。实际上，戈培尔一眼就看出了施特劳斯的自我、狂妄和存在欲。他知道，只要好好地加以利用，他就能将这个目前在世的最伟大的德国作曲家变成手中的一枚棋子。

这次会晤的几周后，戈培尔给施特劳斯发了一封电报。他的提议非常直接：邀请施特劳斯出面担任帝国音乐局的局长。该机构旨在消灭犹太文化对德国音乐家的影响。施特劳斯毫不犹豫地答应了，原因有两个：一是为了保护他的犹太裔儿媳阿莉塞和他的两个孙子；二是因为他希望自己能在纳粹政权下随心所欲地搞创作。未来似乎一片光明。德国家庭终于要重新开始重视音乐教育了，他心想。上任后，他下达了若干条指令：制造数千架竖式钢琴，并培养一批音乐教师。每当他看到希特勒青年团[1]的孩子们在街上哼唱歌曲时，就气不打一处来——他们这是在糟蹋嗓子、浪费精力，他们明明可以更系统、更严谨地学习声乐。此外，施特劳斯还要求把对位法和音乐分析法引入高中教学，以提高学生们在音乐知识方面的综合素养。他坚持把德国音乐放在首位，于是规定在每场音乐会中，外国音乐的比重不得超过三分之一。

1　希特勒青年团是纳粹党于1922年成立的准军事组织，其任务是对13—18岁的男性青年进行军事训练，为德国的对外战争做准备，并为纳粹党提供后备党员。

施特劳斯十分满意。他觉得自己的晋升是理所应当的，毕竟他是德国的首席音乐家，不是吗？此番任命让他笃信自己获得了戈培尔的支持，因此将一首简单的歌曲《小溪》（*Le Petit Ruisseau*）献给了后者，以示感激。他感谢希特勒和戈培尔能在国家社会主义制度中赋予音乐以重要地位。歌曲中的最后一句歌词包含了他对希特勒的赞美："那个从山上向我发出召唤的人，我想，将是我的向导（Führer[1]），我的向导，我的向导！"很快，施特劳斯就被卷进了一场旋涡，连他自己都没有意识到。

因为与纳粹交往密切——与纳粹互动、出席某些会议、在私下或公开场合发表某些言论，施特劳斯的名誉开始受损。起初是几次正式的握手，其中包括一张他热情问候戈培尔的照片。1933 年 3 月，他顶替一位被驱逐的犹太指挥家，指挥了柏林爱乐乐团的一场音乐会。夏季，在拜罗伊特音乐节期间，他临时替代了指挥家阿尔图罗·托斯卡尼尼[2]（Arturo Toscanini）。后者认为该音乐节已成为纳粹主义的朝圣殿堂，因而拒绝参加演出。接着，施特劳斯分别向希特勒和戈培尔致以生辰贺词，还

1 "Führer"在德语中原是"领导者"或"向导"之意，在纳粹统治时期成为对希特勒的称呼，即"元首"。因此，歌词中的"向导"是一语双关，暗指希特勒。

2 阿尔图罗·托斯卡尼尼（1867—1957）是意大利著名指挥家，其指挥艺术在世界上有着极大的影响。

在圣诞节给他们寄去了礼物。与此同时，戈培尔采取了一系列措施来严密监控德国民众的文化生活。比如，除了帝国音乐局的成员，其他任何音乐家都不许再搞创作。此外，为了“净化”德国，戈培尔禁止犹太人继续从事艺术职业。于是，许多犹太音乐家都被迫踏上了流亡之路。

施特劳斯为自己感到担忧。他身材高大，腿脚依旧灵便，一头短发，唇上蓄着短短的八字胡，着粗呢西装配领结，看上去很有威严。他享有很高的声望，他的职业生涯不能在此刻崩塌，因此面对那些主张焚书[1]之人，他选择了妥协，任由这些人去做、去说、去写。然而，对于1933年11月投票通过的“禁止犹太音乐家的作品出现在音乐会上”的法令，他实在无法苟同。他不想背叛自己的犹太朋友，当然也从未想过要禁止他们的音乐。对他来说，禁演马勒[2]或门德尔松[3]的任何一首交响曲都是不可想象的，他们都是他十分欣赏的音乐家。在施特劳斯眼中，艺术高于一切。

1　1933年5月10日，在纳粹分子的鼓动和宣传下，在大多数的德国大学城里，学生中的一些激进分子举行了焚书仪式，烧毁了那些不符合纳粹理念的书籍。

2　古斯塔夫·马勒（1860—1911）出生于一个犹太家庭，是杰出的奥地利作曲家及指挥家。

3　费利克斯·门德尔松（1809—1847）是德国犹太裔作曲家，为德国浪漫乐派最具代表性的人物之一。

其间，施特劳斯正致力于创作他的新歌剧《沉默的女人》（*La Femme silencieuse*）。但是，这部作品有一个相当致命的“缺陷”：其剧本是由奥地利犹太裔作家斯蒂芬·茨威格（Stefan Zweig）撰写的。面对纳粹党的政策，施特劳斯又有什么办法？德国的剧院已不被允许上演非雅利安血统者[1]的作品。但凡是有犹太人参与完成的作品——不论其参与程度高低——都在禁演名单之列，因此施特劳斯与这位伟大作家合作的作品也受到了威胁。听说茨威格受到了监视（在茨威格赴伦敦的一次旅行中，纳粹的眼线对他实行了密切跟踪），施特劳斯感到十分震惊。

戈培尔很直率地警告施特劳斯，他与茨威格的合作妨碍到了纳粹政权，应立刻断绝与后者的往来。施特劳斯则回答称，如果有必要的话，他可以等，等到时机允许了再完成这部新歌剧，但他还是希望能与对方继续合作。然而，这最终都由希特勒说了算。该剧计划于1935年夏在德累斯顿申培尔歌剧院——施特劳斯最喜爱的剧院——举行首演。可是，茨威格很快就意识到了形势有多么无望。头顶悬着一把达摩克利斯之剑[2]，叫

1　20世纪初，纳粹德国把优等民族称为“雅利安人”，他们认为日耳曼民族是血统最纯正的北欧民族之一，因而对其他种族实行歧视、征服和灭绝策略。

2　达摩克利斯之剑源自古希腊传说，又称“悬顶之剑”，用来表示时刻存在的危险。

他如何继续工作？他不敢再轻举妄动了。就在不久前，他还能每天收到大量信件和邀请函。他的知名度太高了，以至每个德国人都能认出他，从火车司机到海关官员，所有人都会给他优待，都以能够遇见这位著名作家为荣。可这一切都结束了，他的命运已不再由他自己掌控。另外，他越来越难接受施特劳斯在纳粹政权下身居官位的事实，于是决定做个了结。他请求施特劳斯不要再惦记他，然后搬去伦敦定居了。

施特劳斯很不理解这一举动，因为茨威格还有大把的才华没有施展出来呢！他甚至不曾想到，茨威格在德国面临着巨大的危险。盛怒之下，施特劳斯给对方写了一封信：“您以为莫扎特是因为自己的雅利安血统才作曲的吗？对我而言，这世上只有两类人——有才华的和没有才华的。”他已经很久没有如此自由地发表自己的观点了。写着写着，他竟大胆断言目前的政权维持不了多久，还说这场噩梦在几年后就会结束，在此之前他们必须坚持住。在信的结尾，施特劳斯写下了将令他付出沉重代价的几句话。他称自己虽然身居帝国音乐局局长一职，但其实只是在逢场作戏：“我之所以一直任人摆布，其实都是为了音乐。这是我作为艺术家的职责。”

谁料，这封信没能到达茨威格的手中，而是被盖世太保截取了。施特劳斯在歌剧彩排期间下榻德累斯顿的某间酒店，盖世太保正是在该酒店的邮筒里发现了这封信。难道他从未觉察出自己的信件被监视了吗？盖世太保把这封信送到了戈培尔的办公桌上。1935 年 6 月，在首演的前几天，施特劳斯猛然发现茨威格的名字从演出节目单上消失了。他威胁称，如果不把这位作家的名字重新印上去，他就立刻走人。结果，他说到做到，真的离开了德累斯顿。最终，《沉默的女人》于 1935 年 6 月 24 日进行了第一场公演。当天负责指挥的是卡尔·伯姆[1]（Karl Böhm），一位虔诚的纳粹分子。首演取得了巨大成功。然而，在第二次公演后，这部歌剧就被判了“死刑”：《沉默的女人》在德国所有的剧院都被禁演了。因为在此期间，那封信被递交到了希特勒的办公桌上。

突然间，一切都破灭了。施特劳斯立刻被革去了帝国音乐局的局长职务。这是他生平第一次感受到威胁。既然他在纳粹机构中已不再担任任何职务，那他们会不会对他的儿媳和孙子下手？施特劳斯越想越害怕，惶恐不安的情绪让他透不过气来。他当即给希特勒写了一封信，试图缓和目前的局势。在信中，他毫不犹豫地向帝国元首宣誓了自己的忠诚，并写道：“我近期对斯蒂芬·茨威格的维护并不代表我的世界观和真实信念。

1 卡尔·伯姆（1894—1981）是奥地利指挥家，1934—1943 年担任德累斯顿申培尔歌剧院的音乐总监。他与施特劳斯有过密切合作，因而对其作品有着深刻的理解，并成了指挥其作品的权威人物。

与几乎所有的同行一样，我一直以来都在苦苦寻觅一位相对优质的德国籍歌剧剧本作者，却至今未果。”施特劳斯深知一切决定都取决于希特勒，所以不遗余力地向这位元首表达自己的感恩之情，证明自己将是一名忠实的仆人。在把对方标榜为“德意志社会生活的伟大缔造者”之后，施特劳斯总结道：“我以卑微的身份恳求您，我的元首，恳求您给我一个与您面对面交谈的机会，让我亲自来向您解释这一切。”那一日，他向希特勒提出了会面请求。可是，他永远也不会收到这位独裁者的答复。

施特劳斯回到了其位于加米施小镇的别墅，那里是他在巴伐利亚阿尔卑斯群山中的一片天堂。他开始静下心来思考自己还能做什么，难道他已到了退隐乐坛并与妻子保利娜安度晚年的时候？他今年七十一岁，身体已经老朽了。施特劳斯从书房眺望着绵延无际的山峦，虽然很想留在加米施过与世隔绝的生活，可他不能这么做，因为他不甘心就这样被人遗忘。事实上，他正在积极寻找与第三帝国重新建立联系的途径。可是，他已被希特勒羞辱过一次，这么执着究竟是为了什么呢？也许是为了他的音乐，他必须使自己的音乐能够继续在各大音乐厅被奏响。这对他的自尊至关重要。

施特劳斯仍对希特勒抱有幻想，他在1935年的整个冬季都期盼着帝国元首登门造访。他很想主动示好，可身边的人都建议他暂时沉寂一段时间。施特劳斯最担心的是自己将无法亲自指挥《奥林匹克颂歌》（*Hymne olympique*），这首作品是德国奥委会之前委托他为来年的柏林奥运会创作的。1936年3月，他终于等来了与希特勒共进晚餐的机会。用餐过程中，他与元首谈起了自己创作的颂歌，然后请对方验收了钢琴乐谱。第二天，施特劳斯给希特勒发了一份电报，以感谢前一晚的招待，并向他致以良好的祝愿。这下，施特劳斯放心了：他正式受邀参加将于1936年8月在柏林体育场举行的奥运会庆典活动。

8月1日，希特勒作为帝国元首兼总理走进了崭新的体育场，他的周围悬挂着数十面象征纳粹党的“万字旗”。十二万只手臂齐刷刷地伸向空中，摆出“纳粹礼”的手势。接着，全场观众齐声喊出震耳欲聋的“希特勒万岁”。奥林匹克运动会是德国展示国威的绝佳时机。这届奥运会的海报上出现了一个半人半神的形象，其脸部特写占据了海报的主要篇幅，一头金发反射着刺眼的阳光。施特劳斯负责指挥开幕式的演出。当天，他身着西服，戴着领结，来到体育场中央，登上一个木制平台。他右手握着指挥棒，示意管弦乐团开始演奏。这时候，一支千人合唱团齐齐发声，场馆内响起了他所作的颂歌。在这四分钟强劲、急促而又宏大的音乐声中，施特劳斯对纳粹政权极尽赞美。成百上千个人声相互交织，个体被湮没在集体之中，虔敬地膜拜着他们唯一的领袖。

此情此景让戈培尔意识到：施特劳斯只要听话，对助长德意志帝国的声望还是很有用处的。况且，尚未流亡海外的国际知名艺术家已为数不多，眼前的这一位更应该被好好利用。因此，施特劳斯获准继续赴国外巡演。意大利、伦敦、巴黎、罗马……不论他走到哪儿都是德国文化的象征。然而在欧洲，一切都预示着未来的动荡局势，人们总是将“战争”二字挂在嘴边。一些国家（如比利时）对德国产生了仇视情绪，于是把施特劳斯的作品从其剧院和音乐厅的节目单上撤了下来。与此同时，戈培尔则继续把他当成宣传工具，邀请他在帝国音乐节上发表讲话。该音乐节将于 1938 年 5 月在杜塞尔多夫举行，其目的是庆祝“颓废音乐”[1] 展览的开幕。

一些人恐怕会拒绝这样的邀请，或极力找借口推托。然而，施特劳斯却从中看到了一个表现自我的机会，再次输给了自己的虚荣心。那一天，他像所有纳粹政要一样，发表了一篇痛斥现代主义的演讲。又过了一阵子，纳粹当局委托他创作一首有

1　“颓废音乐”是 20 世纪 30 年代纳粹德国政府对某些形式的音乐的称呼。这些音乐被纳粹认为是有害的或颓废的，因而遭到纳粹抹黑。

关日本节日的音乐，以将其献给日本“皇纪 2600 年”[1]的纪念庆典，同时为了巩固第三帝国与日本帝国之间的友好关系。施特劳斯二话不说就答应了下来。

他对纳粹政权的忠诚很快就得到了回报。他收获了若干奖项，其中包括宣传部颁给他的金质奖章。对此，他或许会这样为自己辩解：在仇德情绪高涨的时期，冒着生命危险捍卫伟大的德意志音乐，是需要莫大的勇气的。

施特劳斯以为自己找到了保护伞，因为元首很喜欢他的音乐。他以为他的才华会赋予他一些特权，但事实证明，他错了。在 1938 年 11 月 9—10 日的“水晶之夜”[2]，纳粹将罪恶之手伸向了他的家人。为确保施特劳斯不偏离纳粹党的政治路线，戈培尔领导的宣传部和希姆莱[3]手下的盖世太保精心策划了逮捕施特劳斯的儿媳阿莉塞的计划。阿莉塞嫁给了雅利安人，本不在此次的抓捕名单中，但谁让她是德国最著名的作曲家的家

1 “皇纪 2600 年” 是从公元前 660 年第一位天皇（神武天皇）即位算起的第 2600 年，也就是日本开国 2600 年的意思。

2 “水晶之夜”是指 1938 年 11 月 9 日至 10 日凌晨，希特勒青年团、盖世太保和党卫军袭击德国和奥地利的犹太人的事件。该事件标志着纳粹有组织地屠杀犹太人的开始。

3 海因里希·希姆莱（1900—1945）是纳粹德国的一名重要政治头目，被认为对包括犹太人、同性恋者、共产党人在内的六百万欧洲人、数十万罗姆人的大屠杀以及许多党卫军的战争罪行负有主要责任。

庭成员呢！11月9日晚，阿莉塞并不在自己家中，而是躲到了杜塞尔多夫的一名医生的私人诊所里，该医生是施特劳斯家族的一位密友。然而在加米施，纳粹却盯上了她的两个孩子：十一岁的里夏德和六岁的克里斯蒂安。里夏德在去学校的路上被一名士兵拦了下来，并被问到他的“犹太妈妈”在哪里。接着，两个孩子被带到了小镇的广场上，被迫向被扣押在那里的犹太儿童吐口水。

希特勒赢了。施特劳斯明白自己将永远不得安生。每时每刻，这位帝国元首都可以翻手为云，覆手为雨。希特勒的一个手势、一句话、一刻的沉默便足以颠覆他的生活，这是他在前几个星期的经历中所学到的教训。怎样维护家人的安全呢？怎样才能确保家人获得与自己同等的待遇呢？维也纳爱乐乐团即将为施特劳斯的七十五岁生日举行大型庆贺音乐会，他打算借此机会要求希特勒和戈培尔做出一系列保证。这一刻很快就来临了，他的面前是纳粹领导人。目光相遇之时，施特劳斯竭力掩盖折磨着他的焦虑和不安。他必须给对方一种非常自信的错觉。他要求戈培尔让他的儿媳获得德国国籍，以及今后陪他出现在公共场合的权利。此外，他的两个孙子必须能够正常上学，并在将来有权迎娶雅利安女子。以上就是施特劳斯的要求。这些保障将有利于他更安心地作曲，他解释说。然而，戈培尔没有答应他的任何条件。

施特劳斯在庆生音乐会当天真的表现得极为镇静。他坚持要和自己十一岁的孙子合影，甚至还让他上台用笛子吹奏了一小段《玫瑰骑士》。接着，在这个局势难以缓和、战争不可避免的时期，他的新歌剧《和平之日》[1]（*Jour de paix*）上演了。剧本开头的唱词是茨威格在被纳粹政权驱逐之前写下的。剧情以三十年战争[2]为背景，地点设在一座被新教徒包围的德国天主教城市。饥饿难耐的市民恳求他们的首领对敌投降。伴随着葬礼进行曲的节奏，开场的合唱曲表达了绝望的情绪。随着作品的推进，钟鸣声越来越响亮，在C大调的乐声中宣布着和平的到来。敌军部队举着白旗缓缓靠近，他们的步枪上挂着花环。终曲的展开部强劲而有力，俨然是对和平的歌颂。

在接受完掌声和喝彩后，施特劳斯立刻冲进演员化妆间坐了下来，一副心绪不宁的样子。"现在一切都结束了。"他喃

1　《和平之日》暗含着对第三帝国侵略政策的鄙视，但纳粹当局出于不可告人的政治军事目的，对它表现出了不同寻常的热情，让它上演了一百多场，以营造一种太平盛世的假象。这部歌剧因而成了这项非正义事业的宣传品，也是对施特劳斯的极大讽刺。

2　三十年战争（1618—1648）是由神圣罗马帝国的内战演变而成的一场大规模的欧洲国家混战，也是历史上第一次全欧洲大战。这场战争是欧洲各国争夺利益、树立霸权以及宗教纠纷激化的产物。

喃自语道，眼里噙着泪水，从未有人见他在公共场合哭过。究竟是什么“结束了”？或许是他与家人享受过的舒适安逸的生活环境将一去不复返，又或许是被他视若珍宝的伟大的德意志音乐将被画上句号。施特劳斯就像希腊神话中的西绪福斯一样，不停地将一块巨石推上山顶，并无休止地重复这项苦役，直到精疲力竭（这块巨石受到诸神的诅咒，会在触及山顶的刹那滚回山下）。歌剧剧本崇尚的是一种既没有赢家也没有输家的和平局面，但希特勒似乎对唱词并不关注。他感兴趣的或许只是该作品中的军事音乐，以及它对和平的称颂。对德意志帝国而言，这部歌剧将变得十分重要。它在两年间上演了一百多次，连希特勒生日那天都不例外。其实，《和平之日》在某种程度上是为了唤醒人们的政治觉悟，只可惜这条“警世箴言”来得太晚了。

数月过后，第二次世界大战开始了。施特劳斯好像始终参不透纳粹当局的惯用伎俩似的。一天，他在柏林给他的作曲家同行们写了一封信。在信中，他贬低了弗朗兹·莱哈尔[1]（Franz Lehár）的音乐，称其作品太缺乏深度了，还补充道：“戈培尔博士的意见不重要。”殊不知，这封信恰巧落到了戈培尔的手中。施特劳斯和这封信的收信人都被传唤到了宣传部部长的

1　弗朗兹·莱哈尔（1870—1948）是奥地利轻歌剧作曲家，原籍匈牙利。

办公室里。施特劳斯有没有预感到这场毁灭性的暴风雨呢？其他作曲家先被请到了候见室里等候。关上门后，戈培尔把施特劳斯劈头盖脸地骂了一顿。接着，他在施特劳斯的同行们面前大声念出了信中的内容，以进一步羞辱施特劳斯。后者刚支支吾吾地吐出了几句话，就被戈培尔打断了："住嘴！您弄清楚您是谁而我又是谁了吗？既然您敢说莱哈尔写的音乐是给人民大众听的，那我就告诉您，莱哈尔好歹有人民大众做他的听众，可您却没有。拜托您永远别再拿您那所谓的'严肃'音乐来招人烦了。未来的文化与过去的文化是不同的！至于您，施特劳斯先生，您是一个属于过去的人。"听完这一席愤怒的指责和宣泄后，施特劳斯离开了办公室，脸色铁青。没有人能与戈培尔唱反调。

施特劳斯再次陷入了焦虑。这样的日子周而复始，无穷无尽。1941 年，阿莉塞的犹太裔外祖母——比施特劳斯大三岁的葆拉·诺伊曼（Paula Neumann）——被拘禁在了布拉格的犹太人区。施特劳斯想要迅速采取行动，于是给盖世太保的负责人写了封信，要求对方释放这名妇女。她年事已高，即使被送到集中营也没有任何用处，他在信中如此写道。他希望葆拉·诺伊曼能被送到瑞士边境，因为瑞士方面已同意向她发放签证。然而，德国这边却拒绝放人。数月后，葆拉被押送到了特雷津集中营[1]。施特劳斯没有得到任何积极的回应，他的求情毫无效果，但他并不气馁。也许现在还不算太迟，他心想。作为最后的尝试，他决定亲自赶到集中营去要求放人。毕竟他是一名杰出的作曲家，享有很高的声望，他以为自己此行一定能顺利地解救葆拉。

施特劳斯开着自己的梅赛德斯轿车来到了集中营。他自信满满地从车上下来，然后径直向入口处的党卫军卫兵走去。他报出了自己的身份——“我是作曲家施特劳斯”，以为这就足以充当通行证了。紧接着，他开门见山地提出了带走葆拉·诺伊曼的要求。直到此时此刻，他还坚信自己能够成功，这种自信简直让人匪夷所思。他以为自己属于一个可以凌驾于所有事物（包括政治）之上的艺术精英团体。然而，现实的打击令他猝不及防，党卫军卫兵的回答令他震惊不已。他们命令他赶紧回去，而且没有给出任何解释。他不得不再次直面残酷的现实。在特雷津集中营前，他只想到了这位外祖母，却对那些同样被困在高墙后面且即将被送往奥斯威辛集中营的数百名艺术家和其他受害者只字未提。几个月后，阿莉塞的外祖母死在了特雷津集中营。

施特劳斯一直在试图保护他的孩子，但他的儿子弗朗茨和

1　特雷津集中营是第二次世界大战期间的纳粹集中营，位于捷克小镇特雷津。

儿媳阿莉塞仍逃脱不了多次被捕的命运。一天晚上，他们夫妇俩受邀到维也纳的朋友家用餐。突然，八名盖世太保军官冲进客厅，追问弗朗茨为什么不离婚。每次阿莉塞接受盘问，他们都会问她为什么还不出发去以色列，还威胁说要把她送到劳改营去做苦力。施特劳斯虽然为纳粹政权写了好几部作品，但还是活得战战兢兢、如履薄冰。他决定不再插手纳粹事务。1943年6月，他收到了来自德国驻波兰占领区总督的邀请。这位总督非常欣赏他的音乐，想请他来自己的城堡做客。施特劳斯断然拒绝了。

自战争爆发以来，漫长的四年过去了。纳粹德国的前景越发晦暗。德军刚刚在俄罗斯和北非遭受挫折，纳粹政要没心情再与一个他们根本不屑一顾的老作曲家交涉了。他们加强了对施特劳斯的约束，比如出行。为了让司机获得一点燃油，施特劳斯往往要进行数小时的协商。一天，一名纳粹军官按响了他家的门铃，要求施特劳斯接纳一些撤离者和无家可归者在他家寄宿。施特劳斯表示抗议，并使用了“希特勒先生”的措辞。那名军官十分生气，揪出这一字眼纠正他道：“您应该称呼他‘元首’。”“我一向用姓氏来称呼别人，”施特劳斯反驳道，“所以我叫他‘希特勒先生’。”他接着补充道：“战争非我所愿，所以这一切都与我无关。”军官操起了威胁的口吻：“施特劳斯博士[1]先生，在您之前已有其他人的脑袋落了地。”这次事件过后，希特勒下令没收了施特劳斯的整栋房子。

八天后（1944年1月），纳粹当局做出了一个极端的决定——与施特劳斯断绝关系，该决定被白纸黑字地记录在了一份报告中。不过，希特勒却嘱咐下属不要阻挠其作品的上演。1944年2月，戈培尔在日记中写道：“很遗憾，我们目前仍然需要施特劳斯。但有朝一日，我们将会有自己的音乐，到那时我们就再也不需要这个思想腐朽的老神经了。”纳粹曾考虑过禁止所有为施特劳斯的八十岁寿辰举行的庆祝活动，但富特文格勒（与纳粹关系甚密的德国指挥家）却提醒戈培尔这绝非明智之举。施特劳斯毕竟是目前在世的最伟大的德国作曲家，若受到这等侮辱，恐怕会被民众当成“烈士”。

基于上述原因，施特劳斯的生日将被拿来大肆庆祝。然而，他本人早就厌倦了。十多年来，他一直在与纳粹政权周旋，总是默默地照对方说的去做，从不敢置喙。但是这一次，他提出了自己的条件：配合媒体拍照可以，但绝不参加彩排，也不能在音乐会期间被打断。他表现得很冷淡，很有距离感。音乐会当天，即1944年6月11日，施特劳斯收到了一根由象牙和黑

1　1914年6月，在施特劳斯五十岁生日之际，英国牛津大学授予了他荣誉博士学位。

檀木制成的、镶有钻石的指挥棒，这是维也纳市政府送给他的生日礼物。他在音乐会的上半场使用了这根指挥棒，但它与他惯用的指挥棒相比实在太沉了。于是，施特劳斯趁中场休息悄悄地把自己之前的指挥棒换了回来。面对管弦乐团，施特劳斯显得心不在焉。乐团的演奏近乎狂热，而施特劳斯却捏着指挥棒做出了一些与往常不同的手势，并数次向管乐器组投去了空洞的目光。这目光因过于刻意而暴露出了他的心不在焉。

与此同时，德军在东部战线开始失守。苏联红军向欧洲挺进，势不可当。盟军的轰炸机几乎每晚都会飞过维也纳上空。1944 年夏，巴黎获得解放，纳粹当局还不明白自己大势已去。戈培尔下令关闭了所有的戏院和歌剧院。此时此刻，盟军已抵达莱茵河，正在攻入第三帝国的心脏地带。希特勒的军队一个接一个地被击溃了。施特劳斯眼看着德国在战火中化为一片废墟，无助地目睹了家乡的慕尼黑歌剧院被炸毁。接着，1945 年 2 月，德累斯顿首次遭到了大规模空袭。在这座历史文化名城里，歌德及无数音乐家的亡灵仍徘徊在易北河[1]的两岸。猛烈的轰炸摧毁了整个市中心，造成两万五千多名平民惨死。这场烈焰风暴所经之处，遍地都是化为灰烬的尸体。这是盟军对德

1　易北河是德国第三大河，贯穿整个德累斯顿市。

国城市展开的空袭中造成死伤最多的一次[1]。

轰炸过后的第二天，施特劳斯便开始创作一首安魂曲式的抒情挽歌，并将其命名为《变形》（*Métamorphoses*）。在配器方面，该作品没有用到铜管或木管乐器，而只运用了弦乐器——十架小提琴、五架中提琴、五架大提琴和三架低音提琴。在三十分钟不间断的悲伤旋律中，施特劳斯讲述着德国文化的毁灭。乐曲数次转入低音曲调，就在你以为已经触底时，乐器却演奏出了更低的音符，让人仿佛坠入了无尽的黑暗中。

这或许是他最富精神意义的一部作品，既让人感动，又让人恐惧。纳粹当政期间，有过《纽伦堡法案》[2]、集中营（尤其是臭名昭著的奥斯威辛集中营）等，但施特劳斯只字未提；对于战争中的受害者，他一言不发；对于那些在集中营和灭绝营里丧生的人，他保持缄默。不过，这部动人的作品似乎道出了他之前未能说的话，只是没有言明罪魁祸首。1945 年 8 月 12 日，他完成了乐稿。同年，希特勒吞枪自杀，他的死象征着第三帝国的灭亡。施特劳斯在日记中写道："人类历史上最可怕的时期结束了，这是被兽行、无知及反文化统治的十二年，

1　这次空袭史称"德累斯顿大轰炸"，它被视为二战历史上最具争议的杀戮事件。

2　《纽伦堡法案》是德国国会于 1935 年 9 月 15 日在纽伦堡通过的反犹太法律。

庇护这一统治的是一帮十恶不赦的罪犯。”

希特勒去世那天，几辆吉普车开进了加米施。天刚亮，美国军队便开始四处查探，想要征用一栋别墅作为其指挥部。一名军官来到了门牌号为“42号”的屋子前，全然不知这里住着一位蜚声海外的作曲家。阿莉塞打开门。这名美国中尉命令她立刻搬离屋子，不得有延误。正当阿莉塞准备打包口粮时，施特劳斯走到门口，用英语说：“我的名字叫理查·施特劳斯，作曲家施特劳斯。”他请这名中尉稍等片刻，然后到楼上的书房里翻出了其歌剧《玫瑰骑士》和《莎乐美》的手稿原迹。此外，施特劳斯还向对方展示了美国西弗吉尼亚州摩根敦市授予他的荣誉市民证书。他解释称自己的儿子娶了一名犹太妇女，他拼尽全力才保下了两个孙子。巧的是，好几名美国士兵都是经验丰富的乐手，而且都听过这位音乐大师的作品。终于，美国中尉被施特劳斯的一番说辞打动了，他点了点头，并在临走前把一块写有“禁止入内”的标语牌留在了门边。施特劳斯的住宅受到了保护。

二战结束后，所有与纳粹有染的人都被要求做出解释。他们必须说明自己为什么在第三帝国时期做出了某些举动，甚至是某些表情。许多艺术家都逃过了审判。在维也纳，人们决定不去计较这些，因为他们不想失去这座艺术之都的文化精英。于是，奥地利指挥家赫伯特·冯·卡拉扬（Herbert von Karajan）成功地洗脱了自己的纳粹嫌疑。德裔抒情女高音歌唱家伊丽莎白·施瓦茨科普夫（Elisabeth Schwarzkopf）也一样，尽管她在年轻时曾毫不犹豫地参加过国家社会党[1]。在负责调查艺术家的“非纳粹化”[2]委员会面前，现在轮到施特劳斯自证清白了。

1947年年初，慕尼黑特别法庭开始了对施特劳斯的审讯。他受到的指控包括：与纳粹党的高级政要有过密切来往，而且曾担任过帝国音乐局的局长。几个月来，一名律师在极力为他辩护，并指出：施特劳斯从来就不赞同那些针对犹太人的种族法。他们会把他看成一个利用战争获利的小人，还是一个勇于声援犹太作家斯蒂芬·茨威格的君子呢？出于身体原因，他与妻子保利娜隐居到了瑞士，而法庭也允许他在瑞士等待审判结果。经过数月的辩论，理查·施特劳斯于1948年6月被宣判无罪。一份长达八页的庭审报告指出，施特劳斯始终是拒绝行纳粹礼的，而且在战争期间也一直与德国和国外的犹太群体保持着一定的联系。就在施特劳斯的八十五岁寿辰到来之前，这一判决挽回了他的声誉。

1　国家社会党即德国纳粹党。“纳粹”是德文“国家社会党”的音译。

2　“非纳粹化”是盟军在二战胜利后开展的一项运动，旨在清除纳粹主义对德国社会、文化、司法、经济、政治等方面的影响。

他再也没有对过去不光彩的十二年做过任何解释，而是选择朝前看。1949 年，就在去世之前，施特劳斯写下了生命中的最后一部杰作《最后四首歌》[1]（*Quatre Derniers Lieder*），这是专为女高音及管弦乐团所作的声乐套曲。在这部作品中，施特劳斯仿佛在凝视死亡。哀婉壮丽的人声在大型乐团的伴奏下响起，绚丽得就像一场灿烂的日落。在一个常有香气氤氲的氛围中，施特劳斯探索着季节的轮替，从《春》（*Printemps*）到《薄暮时分》（*Au crépuscule*），该过程反映出了生命的演进。最后一首歌听起来像是在与生活做平静的告别，以“莫非这就是死亡？”结束了整首作品。施特劳斯所使用的音乐语言保留了浪漫主义的经典传统，流露出了对过去的回忆。沉浸在这部恬静而怀旧的音乐作品中，刚刚结束的战争似乎已十分遥远。

1　在这部作品中，施特劳斯将德国作家黑塞的三首诗和艾兴多夫的一首诗谱成了艺术歌曲，标题分别是《春》《九月》《入睡》和《薄暮时分》。

1906

—

1975

德米特里·肖斯塔科维奇

顽强抵抗斯大林

虽然审查制度严格，且斯大林的监视无处不在，但肖斯塔科维奇仍在努力保持自己在音乐中的真实。对他而言，最糟糕的事情莫过于放弃他所珍视的艺术。

▶ 推荐聆赏《第五交响曲》

𝄞

在斯大林统治下的苏联，德米特里·肖斯塔科维奇（Dimitri Chostakovitch）既是政府的官方作曲家，又是其审查制度的受害者。斯大林让他过着地狱般的生活，不仅在私底下给他施压，还在公众面前羞辱他。他的作品时而被禁演，时而被解禁。为了能够忠于自己的内心，肖斯塔科维奇一直在苦苦斗争，在自己的交响乐里揭露了当时社会的阴暗面。然而，直到斯大林去世之前，肖斯塔科维奇都无法摆脱那种命悬一线的恐惧感。

1936年，肖斯塔科维奇还不到三十岁，却已经成了同辈音乐家中出类拔萃的一位，被许多人视为先锋派音乐的天才作曲家。1月的一个夜晚，肖斯塔科维奇的新歌剧《姆钦斯克县的麦克白夫人》（*Lady Macbeth de Mzensk*）即将上演，该剧改编自莎士比亚的作品，系肖斯塔科维奇受到真实社会事件的启发所作。他很畏惧这一时刻的到来，因为苏联的最高领袖斯大林也将出现在观众席中。他听说了这位作曲家的成功事迹，所以想到现场来聆赏他的歌剧。作品的主人公是一名生活在俄罗斯乡村的女性，终日忍受着无爱的婚姻，然后在某一天爱上了丈夫雇来的帮工。然而，接下来的情节让斯大林大为不满：这名压抑已久的年轻妇女为了过上自由的生活，在情人的帮助下谋杀了自己的丈夫。更重要的是，这部歌剧表达了对这名妇女的同情，认为其不幸是由她周围那群平庸好色的男人造成的。从音乐角度来看，肖斯塔科维奇着重运用了打击乐器和管乐器（圆号和小号）。乐曲中出现了若干不协和音，铜管乐器演奏出了个别滑音，人声部分也进行了一些非正统的发音处理。然而就在第三幕开始前，斯大林起身离开，怒不可遏。此举引得众人议论纷纷。

两天后，肖斯塔科维奇在火车站台上打开了一份刚买的《真理报》（*Pravda*）——苏联共产党的官方报刊之一。谁料，他在第一版就看到了一篇标题为《混乱代替了音乐》的未署名社论。这篇长达两页的文章对他的歌剧展开了猛烈抨击（据传，这篇评论是由斯大林本人撰写的）。文章批评肖斯塔科维奇写了一首乱七八糟的、令普通大众无法听懂的音乐，指责他的歌剧里满是噪声和粗鄙的怪叫，与社会主义现实主义[1]的理想背道而驰。然而，这部作品之前一直广受好评，而且已在世界上的好几个国家成功上演了两年。可那又怎样，它还是被禁演了，歌剧院的节目单上不会再出现这部剧的名字，所有演出都被取消了。肖斯塔科维奇成了苏联作曲家协会公开谴责的对象。斯大林想让大众清楚地了解到：任何偏离政府路线的行为都将受到惩处。

肖斯塔科维奇难解心中的愤懑，打算逐一回击这些批评。他想要为自己的歌剧辩护，并期望得到某些业内人士的支持。于是，他找到了自己熟识的苏联文化事务委员会主席。但考虑到这次事件的严肃性，这位主席不愿意受到牵连。他不仅不支持肖斯塔科维奇，还劝后者认错悔过。“摆脱这种困局的唯一途径是公开道歉，”他称，“你得承认自己创作这部歌剧时犯下了一个错误，不过那是因为你年轻气盛、一时冲动而迷失了心智。”可是肖斯塔科维奇做不到。对这位作曲家而言，否定自己的歌剧无异于抛弃自己在艺术上的诚实。他既没有发表公开声明，也没有致歉。不过，为了避免再掀风波，他同意中止其《第四交响曲》（*Quatrième Symphonie*）的彩排——这部交

1 社会主义现实主义是一种理想化的现实主义艺术风格，诞生于苏联，是该国于 1932—1988 年的官方风格，也是二战后其他社会主义国家的风格。

响曲本来要在几天后上演的。除此以外，他没有做更多的妥协。

在读过《真理报》的头版社论后，肖斯塔科维奇买了一个大号的笔记本，然后把这篇抨击性的文章剪下来，贴到了本子里。之后，他又往里面贴了更多有关其歌剧的评论报道。最终，这本剪报册汇集了整整九十页的侮辱和谩骂。时间越久，新闻界对他的批判就越猛烈，而他对斯大林的反感也逐渐转变成厌恶。肖斯塔科维奇虽然忠于十月革命和社会主义的理想——他的叔叔是1917年上台的布尔什维克党[1]的一员，但是讨厌斯大林及官僚主义。

肖斯塔科维奇正式成为“人民公敌”，而且正被迫远离当代乐坛。自1936年起，艺术界的好几位名人都一个接一个地随着政治风向而改变了自己的立场。苏联《刑法》第58条允许逮捕“人民公敌”。为了在必要情况下加强恐怖气氛，《真理报》的第一版和第三版会定期刊登那些被定罪的作家和作曲家的名字。

其间，肖斯塔科维奇的个人生活发生了变化。他知道从今

1 布尔什维克党（俄文“多数派”的音译）是列宁创建的俄国无产阶级政党。1917年，布尔什维克党通过十月革命夺取了俄国政权，最终成为苏联共产党。

往后，恐惧将会如影随形。在苏联肃反运动[1]时期，许多没有遵循官方路线的知识分子都被押送到了古拉格[2]劳改营。他深信自己早晚有一天也会被治罪，所以做好了随时被带走接受审问的准备。他养成了一个习惯：即使睡觉，也会穿戴整齐，而且不盖被子，只是平躺在被褥上。他这么做是为了走得更加从容，不让突发状况把自己弄得手足无措。在他看来，最糟的情况莫过于穿着睡衣被带走，或者被迫在前来抓捕他的民兵面前换衣服。这些画面就像噩梦一样在他的脑海里挥之不去。每天夜里，他都会把一只收拾好的行李箱靠在床边，仿佛在等着谁来逮捕他似的。箱子里只装着几件贴身衣物、一把牙刷，还有一包烟。

一天，他收到了秘密警察机构——内务人民委员部下属的国家安全委员会（克格勃[3]的前身）——寄给他的传唤通知书。根据通知书里的要求，他必须去一趟国家行政总部，那是一幢位于莫斯科市中心的巨大建筑。在那里，一名政府官员对他进

1　苏联肃反运动是斯大林于 20 世纪 30 年代中后期在苏联掀起的一场大规模的清洗“间谍和暗害分子”的运动，对苏联政治生活产生了消极影响。

2　古拉格是 1918—1960 年苏联政府国家安全部门的一个下属机构，全称为“劳动改造营管理总局”，负责管理全国的劳改营。

3　克格勃是“苏联国家安全委员会”的俄文缩写的音译，与美国中情局、英国军情六处、以色列摩萨德并称为“世界四大情报机构”。

行了审问。一开始，对方以一种近乎友善的语气与他谈论了作曲方面的事，比如他正在创作什么作品。接着，对方的提问变得更加具体，语气也更加严肃了。“您的朋友都有哪些？您经常见的人是谁？您认识图哈切夫斯基[1]元帅吗？您到他家拜访过几次？当时在座的都有谁？”这名元帅确实是肖斯塔科维奇的一位密友。负责盘问的官员想逼他招认的是：这名俄国内战时期的功臣是密谋暗杀斯大林的恐怖团体的一员。对此，肖斯塔科维奇辩解称，他们从未在这些聚会上讨论过政治话题，所有聊天都是围绕音乐展开的，而且他常常会在这些晚宴上为大家演奏钢琴。“您再好好想想，要知道，其他在场者都已经证实了这项阴谋。”那位官员再三重复道。几个小时的审讯后，肖斯塔科维奇于当天中午被释放了。不过，他被要求在四十八小时后再次回来配合调查，而且被勒令做出更加明确的回答。

两天后，在一个周一的早晨，他按照约定再次来到秘密警察机构的所在地。在入口处，一名士兵查阅了当天被传唤的人员名单，并没有在上面看到他的名字。肖斯塔科维奇报出了与他有约的政府官员的身份，谁知那名士兵给出了一句令他惊讶不已的答复：“他不在，您可以回去了。”事实上，就在几小

1　米哈伊尔·图哈切夫斯基（1893—1937）是苏联最早的五名元帅之一，有“红色拿破仑”的称号。他在苏联肃反运动中被指控犯有间谍罪，继而被判处死刑并被执行枪决。

时前，戏剧性的一幕上演了：负责审问肖斯塔科维奇的那位官员本人也成了密谋陷害斯大林的嫌疑人，并且已经被捕。

虽然这次意外得救，但肖斯塔科维奇却感到周围有一把无形的大钳在越收越紧。他越发担心自己的家人——他的妻子尼娜和年幼的女儿加林娜。几天后，他听说苏联红军的一批军官被处决了，其中就有他的好友图哈切夫斯基元帅。在某种程度上，肖斯塔科维奇也成了政权眼中的一名同谋。他私下里对几位朋友说过："就算他们把我的双手砍断，我还可以用牙咬住笔杆继续作曲。"

肖斯塔科维奇很不安，他知道政治嫌疑分子将面临何种命运，于是想方设法保护自己的家人。他开始在自家门口夜巡。他整夜都待在外面或守在楼下的电梯旁，为自己被带走做好了准备。只不过，他更愿意在自家楼下被捕，而不是在公寓里。每天晚上，他都会在亲吻过女儿后走下楼去。苏联著名的小提琴家大卫·奥伊斯特拉赫（David Oïstrakh）告诉肖斯塔科维奇，斯大林的手下每晚都会到他所住的公寓楼里带走一个人。每次只抓一个，从不进行大规模逮捕，目的就是让那些留下来的人感到更加恐惧，让他们一听到楼梯间的脚步声就吓得魂飞魄散。但是，肖斯塔科维奇没法无止境地下楼夜巡。坚持了十天后，他打开收拾好的行李箱，把衣物又放回了衣橱。他知道自己将不得不学着去与自己的恐惧和平相处。

对他而言，现在显然是重塑自己的共产主义者形象的时候了。为了躲避苏联当局的批评与指责，他不得不学得聪明一些，制造出自己拥护执政党的假象。于是，他开始为一些歌颂 1917 年俄国革命的芭蕾舞剧作曲，并对外宣称自己在创作一幅以纪念列宁为主题的大型“声乐壁画”。

要想捍卫自己作为创作者的自由，他认为只有一条路可以走：创作一些能够显露出自己信念的作品。1937 年 4 月，他开始着手谱写他的《第五交响曲》（*Cinquième Symphonie*），这部交响曲将成为他最重要的作品之一。为了给自己打掩护，他给该作品拟了一个循规蹈矩的副标题——“一名苏联艺术家对党的中肯批评的回复”。首演当晚，音乐厅里座无虚席，演出结束后掌声持续了半个多小时。为了取悦斯大林，肖斯塔科维奇这次的作品更具传统风格，在恢宏的 D 大调中以军事主题结尾。他摆脱了之前被人诟病的形式主义，简化了创作风格——至少从表面上看是如此。不过，在传统音乐语言的虚饰下，在极度恭顺的语气背后，一些听众似乎听出了这样一个信息：尽管斯大林的肃反运动令所有人都如坐针毡，但肖斯塔科维奇决心在这样的恐怖气氛中生存下去。在乐稿上写下恐惧的同时，肖斯塔科维奇也展现出了自己的最高水准。这部交响曲绝对堪称大师之作。

面对苏联当局，肖斯塔科维奇做出了妥协和让步，也因此重新获得了政权的青睐。他于1940年被授予苏联劳动红旗勋章。之后，他的《钢琴五重奏》（*Quintette avec piano*）又为他赢得了“斯大林奖金一等奖”——苏联艺术界的最高荣誉。他不仅拿到了十万卢布的奖金，还收到了多位政要的祝贺。只用了不到三年时间，他便从一个差点要被送进劳改营的“人民公敌”一跃变成了被斯大林寄予厚望的音乐家。

可是成功并没有给他带来舒适和安宁。第二次世界大战的战火烧到了苏联，肖斯塔科维奇被困在两大极权政体——一边是斯大林的，另一边是希特勒的——的夹缝中。他与家人所居住的列宁格勒（今圣彼得堡）遭到了德军的猛烈炮轰。1941年6月，德军向苏联发起进攻。两个多月后，德意志国防军包围了列宁格勒，使整座城市陷入了与世隔绝的孤立状态。肖斯塔科维奇本想应征加入列宁格勒民防委员会，但最终因近视而落选。后来，他被分配到了音乐学院的消防队。不过，他并没有停止创作。事实上，他已经开始起草他的《第七交响曲》（*Septième Symphonie*，又称《列宁格勒交响曲》）了。“这是战争的混乱在音乐上的映射。”他说。在第一乐章中，管弦乐团伴着小鼓的节奏不厌其烦地重复着一首进行曲。随着乐曲的推进，这首进行曲愈演愈烈，就像一场无法摆脱的噩梦。肖斯塔科维奇不想离开列宁格勒，不想抛下群众。然而在10月，他还是听从莫斯科当局的命令与家人撤离到了其他城市。出发时，他的腋下夹着《第七交响曲》前三个乐章的纸稿。

苏联人民正处在饥寒交迫之中，斯大林却要求肖斯塔科维奇创作一首乐观积极的音乐。最终，这部交响曲获得了热烈反响，甚至在西方国家——尤其是美国——都取得了巨大成功。肖斯塔科维奇头戴消防头盔的照片更是登上了美国《时代周刊》（*Time*）的封面。尽管受到了苏维埃政权的庇佑，但他却在作品的字里行间传达着别样的信息。事实上，《第七交响曲》包含一些引用的乐句和隐秘的弦外之音。在第三乐章中，小提琴似乎永远无法停止悲泣。在之前的第二乐章中，欢乐与恐怖交织在一起，就像被迫挤出的一丝笑容，仿佛在这个疯狂的世界里，人们只有无休止地强颜欢笑才能免受当权者的压迫。虽然审查制度严格，且斯大林的监视无处不在，但肖斯塔科维奇仍在努力保持自己在音乐中的真实。对他而言，最糟糕的事情莫过于放弃他所珍视的艺术。

几个月后，即1943年秋，斯大林为新选出的苏联国歌而组织了一场比赛。他决定把《国际歌》（*L'Internationale*）换掉，毕竟这是一首法国作品，他的国家应当拥有属于自己的国歌。

数百名作曲家想要为国歌谱曲，纷纷把自己的作品提交给了评审团。经过层层选拔后，五名参赛者进入决赛，其中就有肖斯塔科维奇。

斯大林出席了终评会。他对未来国歌的歌词做了细致修改，使其中出现了若干句颂扬他的歌词。莫斯科大剧院的表演大厅被冰冷的寂静吞噬。每位参赛者的作品都会被演绎三遍：第一遍由苏联红军合唱团在无伴奏的情况下演绎，第二遍由莫斯科大剧院的管弦乐团进行纯音乐演绎，最后一遍则由合唱团和管弦乐团共同演绎。为了方便比较，现场还演奏了《马赛曲》和《国际歌》。肖斯塔科维奇是最后出场接受评定的作曲家。

表演厅里响起了他创作的国歌。斯大林坐在防弹包厢里聆听着，该包厢就设在乐池[1]的左上方，周围守着一群保镖。这位领导人很喜欢听音乐，不许任何人前来打扰他。而且他的音乐品位比较保守，来莫斯科大剧院通常是为了听威尔第、柴可夫斯基[2]的作品，抑或是贝多芬的交响曲。当肖斯塔科维奇的作品闯入他的耳畔时，他立刻坐直了身子。斯大林一下就感受到了这首作品的过人之处，它比他刚刚听到的任何一首歌都更

1　乐池是舞台前一块凹下去的场所，演出时乐队就在乐池里伴奏，以免遮挡观众的视线。

2　彼得·伊里奇·柴可夫斯基（1840—1893）是19世纪伟大的浪漫乐派作曲家、音乐教育家，被誉为“俄罗斯音乐大师”和“旋律大师”。

加动人心魄。其他音乐家都只是循规蹈矩地写了一首传统的进行曲，相比之下，肖斯塔科维奇的作品更具创新精神。

他惴惴不安地等待着最高领袖的决定。终评会结束后，一名安保人员过来对他说："总书记请您到包厢去一趟。"一进门厅，他便看到斯大林正抽着烟斗等他。由于肖斯塔科维奇面庞青涩，戴着一副小圆眼镜，因此显得十分羞怯。虽然他试图掩饰自己的焦虑，可是当他害怕时，旁人一眼就能看出来。他会咬手指，不时地用手推一下眼镜，说话结结巴巴。在斯大林面前，他表现得谦卑顺从。"您的音乐很出色，"斯大林对他说道，"但亚历山德罗夫（苏联官方作曲家）的音乐听起来更加隆重欢快，更适合被用作国歌。"换言之，斯大林觉得他的作品不够学院派，不完全符合苏联的思想路线。此时，肖斯塔科维奇已脸色苍白。他以为这位最高领袖就要命人把他带走或直接枪毙了。噩梦再一次袭来，而且永远都不会结束。斯大林转身向苏共政治局的几位委员说道："我认为我们应当选亚历山德罗夫的作品作为国歌。至于肖斯塔科维奇，他理应受到感谢。"听到这里，肖斯塔科维奇才如释重负——他感觉自己刚才险些被押赴劳改营。那天，他怕极了斯大林，斯大林则再次玩弄了他的命运。因为斯大林的一句话，肖斯塔科维奇又重新回到了苏联一线作曲家的行列。他被授予列宁勋章，当上了苏联最高苏维埃[1]代表，而且兼任列宁格勒作曲家协会主席。

二战结束后，肖斯塔科维奇被要求写一部融入合唱和独唱的颂歌式作品，以庆祝苏联战胜纳粹暴政。于是，他开始创作他的《第九交响曲》（*Neuvième Symphonie*）。然而，他故意选用了短小轻快的旋律来嘲笑斯大林的胜利。与官方期待的爱国主义交响曲不同，他最后呈现的作品由五个交替传达讽刺意味与悲剧性的乐章组成。他以“加密”的形式来表达自己的真实想法，这成为他反抗苏联极权主义的武器之一。不过，他还是享受了一段相对平静的时光。其间，苏联政府给肖斯塔科维奇分配了一套位于莫斯科市中心的四室一厅公寓，公寓里还配备了三架钢琴。他对斯大林表达了感谢：“这一切令我无比欣喜。对于您的这份关照，请接受我诚挚的谢意。为了祖国及其伟大人民的利益，我祝愿您幸福、健康、长寿。”很显然，他已经完美掌握了隐藏真实自我的艺术。

可是，这种恩赏有加的日子并未持续多久。1948 年，斯大林发起了新一轮的文化镇压运动，而肖斯塔科维奇的名字出现在了“形式主义”和“小资产阶级”作曲家名单之首。在学校里，学生们习读的数篇课文都提到了肖斯塔科维奇对艺术犯下

1　苏联最高苏维埃于 1936 年根据苏联宪法设立，在 1988 年 12 月以前一直是苏联最高国家权力机关和唯一的立法机关。

的“巨大错误”。作为反击，肖斯塔科维奇秘密创作了一首名为《反形式主义的小天堂》（*Ravok*）的康塔塔。在这首歌里，他无情地嘲笑了斯大林及其文化部部长日丹诺夫。

1949 年 3 月的一天，正值美苏冷战时期，肖斯塔科维奇家的电话响了。电话那头不是别人，正是克里姆林宫的权力主宰者。他立刻就认出了这沙哑的嗓音和格鲁吉亚口音[1]。数年前，他与这声音的主人在苏联新国歌的终评会上见过面。这次，斯大林有个任务要交代给他：代表苏联参加即将在纽约举行的“文化与科学界保卫世界和平大会”。肖斯塔科维奇断然拒绝了，他面无惧色地称自己无法代表一个禁演其音乐的国家，并进一步指出自己的许多作品都还在政府拟定的黑名单上。斯大林佯装惊讶道：“怎么回事，竟然有人禁演您的作品？是谁禁的？谁下的命令？这肯定是个误会，我会处理的。”几天后，肖斯塔科维奇收到了禁演其作品的命令书副本，上面加盖的印章证明了该文件是非法无效的。页面右下角的署名为“苏联部长会议主席，约瑟夫·斯大林”。

在电话中，肖斯塔科维奇还强调自己有健康问题——恶心、腹痛等，因此无法赴美。听到这个，斯大林当即命人安排他到

1　斯大林出生于格鲁吉亚的哥里市，其母语是格鲁吉亚语，所以他在说俄语时总带有家乡口音。

一家专门接待苏联高官的诊所接受身体检查。诊断结果很明确：肖斯塔科维奇确实病得不轻。但医生们却被下令禁止散播这些信息。

被逼无奈之下，肖斯塔科维奇于 1949 年 3 月底随苏联代表团一起登上了飞往纽约的班机。对大多数美国人而言，他是该代表团中唯一一位真正的名人。他们知道肖斯塔科维奇的一些作品最近在苏联被禁演了，但这改变不了他是一流作曲家的事实。他在战争时期所写的交响曲揭露了法西斯主义的恶行，在美国大受好评。当他到达纽约机场时，已有数十名仰慕者在等候接机。但苏联政府有过明确规定：代表团成员不许接受任何采访。因此，肖斯塔科维奇只是摘下了自己的帽子，向人群颔首致意。这一幕被现场的摄影记者用镜头记录了下来。

在大会上，他奉命朗读了一篇由苏联秘密警察事先交给他的演讲稿。那天，在他二十年来所遭受的苦难之上，又增添了一次在异国他乡、大庭广众之下的公开羞辱。他站在讲台上，用单调而颤抖的声音念着别人为他写的稿子。演讲稿开头描述了苏联音乐体系的优越性，接下来的段落则抨击了那些在本国受到审查的苏联当代作曲家。对肖斯塔科维奇来说，这一刻异常痛苦：他听到自己在批评他的同僚普罗科菲耶夫[1]和斯特拉文斯基[2]。在三言两语之间，他就把斯特拉文斯基——这位他深深钦佩的作曲家——拖下了泥潭。苏联代表团对他的演讲致以了热烈的掌声。

接着是公众用英语向他提问的时间。会场中央，一个男人起身说道："《真理报》发表了一篇关于保罗·欣德米特[3]（Paul Hindemith）、阿诺尔德·勋伯格[4]（Arnold Schoenberg）和斯特拉文斯基的文章。在这篇文章中，这三位作曲家均被批为了蒙昧主义者、资本主义和帝国主义的走狗，评论还称应当在苏联的各大音乐厅禁演他们的音乐。"紧接着，他向肖斯塔科维奇提出了自己的疑问："从个人角度来看，您是否认同官方的看法呢？"肖斯塔科维奇呆立在那儿，面对着人群，陷入了沉默。直至苏联代表团的随行翻译在他身边耳语了几句，他才把脸凑近话筒，低着头，双眼盯着地面回答道："我完全赞同《真

---

1 谢尔盖·普罗科菲耶夫（1891—1953）是苏联著名作曲家、钢琴家，曾于1918—1932年在国外从事钢琴演奏和作曲。

2 伊戈尔·斯特拉文斯基（1882—1971）是美国作曲家、指挥家，原籍俄国，是西方现代派音乐的重要人物。

3 保罗·欣德米特（1895—1963）是德国作曲家、指挥家、音乐理论家、中提琴家。

4 阿诺尔德·勋伯格（1874—1951）是美国作曲家、音乐教育家和音乐理论家，原籍奥地利，是西方现代主义音乐的代表人物。

理报》的观点。”

这是他迄今为止经历过的最糟的时刻。他将永远无法原谅自己针对斯特拉文斯基所发表的这番言论。另外，自这次纽约之行起，不少人改变了对他的看法。一部分西方民众开始敌视他，因为对他们而言，肖斯塔科维奇已成为苏共意识形态的代言人。当然，也有一些人，那些听懂了他的音乐的人，对他的真正为人毫不怀疑。但是对大部分美国民众来说，他的表现相当令人失望。

肖斯塔科维奇已年近五十，但苏共政权仍在继续监视着他的一举一动。为什么这些年来他一直没有选择定居国外？这么多知识分子都逃离了当权统治，为什么他选择留在苏联？因为他的根在那儿。他是一个俄罗斯人，这个身份让他觉得自己有义务留在自己的国家。因此，尽管自己的命运被他人掌控，但他还是选择了留在国内进行抗争。

随着时间的流逝，斯大林找到了更好的办法来折磨他。在肖斯塔科维奇的叔叔、表亲和密友中，有些人被杀，有些人被送进了劳改营。他自己也险些遭到同样的厄运，但斯大林留了他一条性命。然而，日复一日的恐惧和长期的动荡比死亡更加摧残人心。

20世纪50年代初，肖斯塔科维奇的收入来源变得少之又少。在没有收到任何书面通知的情况下，他被莫斯科音乐学院和列宁格勒音乐学院解除了教授职务。一天，莫斯科音乐学院的门房突然拒绝把教室钥匙交给他，他这才意识到自己被辞退了。在列宁格勒音乐学院，他通过墙上的一则告示得知自己“因不称职而被解雇”。他无法继续在这两所院校任教，其作品也再次从各大音乐厅的节目单上消失了。无奈之下，他不得不以其他方式来谋生。为此，他决定创作电影音乐。除此之外，他很少写其他作品。因为与此同时，他正在经历一段灵感枯竭期，这段时期持续了若干年。

肖斯塔科维奇艰难度日，终于勉强撑到了 1953 年 3 月 5 日。这一天，斯大林去世的消息震惊了全国。得知这位领导人的死讯后，他本期待未来会出现新的转机，期待自己能从斯大林时期的窒息感中解脱出来，但很显然，他的希望落空了。

1960 年，一名苏共中央委员会见了肖斯塔科维奇，并邀请他重新出任苏联作曲家协会主席。尽管肖斯塔科维奇一再重申自己的身份是作曲家，而不是政治活动家，但对方还是不依不饶。这名政府官员让他意识到自己没有拒绝的权利。对方给出理由是：在斯大林当权时，肖斯塔科维奇受到了比别人更多的保护，所以接受这一职位在某种程度上是对国家的一种报恩。除此之外，还有另一个条件：要成为苏联作曲家协会的主席，必须先加入苏联共产党。其实，肖斯塔科维奇身边早有人劝他入党，可他一直都十分抗拒。对方告诉他，入党手续很简单，只须在一份申请表格上签名即可。虽然恐怖时期已经结束，但苏联政党却仍然觊觎着他最后的一片自由空间。

他提出了自己不能入党的最后一个理由："我无法加入一个在二十五年前禁演了我的音乐和歌剧《姆钦斯克县的麦克白夫人》的政党。"对此，他面前的官员回答称，要想在舞台上重新看到这部歌剧，最好的办法就是入党。另外，对方还补充道："现在是 1960 年，苏共已不再是从前的苏共，如今没有人会因为政治原因被无辜处死了，那些由个人崇拜导致的受害者如今也在过着正常人的生活。"

一番软磨硬泡之后，肖斯塔科维奇最终妥协了，就像一个被押上断头台的犯人一样。几周后，他的入党仪式将会隆重举行。苏共为这场仪式做了精心准备，莫斯科的所有重要人物都被请到了现场。万事俱备，现在只等肖斯塔科维奇了。一些人已经等得不耐烦了，可这位作曲家却迟迟没有到场。实际上，他因为惊慌失措而躲到了自己的姐姐家。他曾发誓一辈子都不会加入苏共，因为一旦他入党了，那些三十年来把他视为反抗者的人就会怀疑他的为人。由于主角的缺席，当天的仪式被取消并被推迟到了第二天。由于那些政界精英不想拖延此事，这一次，入党仪式毫无纰漏地如期举行了。

肖斯塔科维奇的名气并未因此而下降，他仍是苏联当时最著名的作曲家。但身为苏共党员，他不得不参加某些会议。感到束手束脚的他表现得十分被动：只有当所有人都举手的时候，他才举手；只有在被要求发言的时候，他才讲话。晚上，来敲他家门的不再是秘密警察，而是《真理报》的员工。每过一段时间，这名员工就会带着一篇不是他所写的文章来找他署名。每一次，他都会顺从地签上自己的名字。但作为一种微不足道的终极反抗，他总会将其姓名的首字母倒过来签。

20 世纪 70 年代初，肖斯塔科维奇已是一位身心俱疲、内心苦涩的老人。他试图回想这一生中认识的所有人，但脑海里浮现的却是一具具尸体，堆积成山的尸体。在乐稿中，为了标记演奏时所应传达的情绪，他经常会用到“morendo”这个音乐术语，字面意思即“减弱以至消失”，这似乎呼应了他自己的生命。他为自己的怯懦而自责不已。他恨自己接受了六次斯大林奖和三次列宁奖。年复一年，他的生命之火在一点一点地熄灭。

肖斯塔科维奇于 1975 年逝世，享年六十九岁。《真理报》在其逝世四天后才公布他的死讯。报纸的第三版上刊登了一篇追悼伟人——尤其是苏联共产党的拥护者——的讣告：“德米特里·肖斯塔科维奇生前曾是苏联最高苏维埃代表、社会主义劳动英雄、苏联人民艺术家……作为共产党的忠诚儿子和杰出的社会活动家，公民艺术家肖斯塔科维奇毕生致力于苏联音乐的发展，自始至终坚持社会主义、人道主义和国际主义的理想。”党组织为他举行了盛大的葬礼。葬礼上，坐在最前排的是那些多年来一直在迫害他的政府官员。

1919

—

1945

吉德翁·克莱因

在带刺的铁丝网后求生

克莱因不抱任何幻想，他知道特雷津的下一站便是死亡。他在一部又一部的作品中倾诉着自己的心声，就像在写一本私人日记一样。

▶ 推荐聆赏《钢琴奏鸣曲》

𝄞

二十二岁的犹太钢琴家兼作曲家吉德翁·克莱因（Gideon Klein）于1941年12月被送到了位于波希米亚[1]的特雷津犹太隔离区，并在那里被囚禁了将近三年。这个隔离区并非灭绝营，而是一个用于关押欧洲犹太人的集中营和中转营。它既是奥斯威辛集中营的前一站，又是宣传纳粹文化的“橱窗”。在这个封闭的环境中，创作成了激励克莱因活下去的唯一方式。他在隔离区内成了抗争精神的典范。他的所有作品几乎都是在特雷津写成的，而且在创作之时，他并不知道这些作品有朝一日会被演奏出来。

捷克小镇特雷津的天空低沉晦暗，空气阴冷潮湿。克莱因乘着驶离布拉格的第三趟列车，踏上了去往特雷津犹太隔离区的旅途。此趟列车共载有一千人，每个人都可以带一只重量不超过十五公斤的行李箱，里面可以装衣服、食物和一条被子。

1　波希米亚为现捷克境内西部地区。

透过车厢的缝隙，他看到了大片的森林。火车并没有直接开到目的地。下车后，一个个佝偻的身影紧靠在一起，默默地向前进，在步行了两公里后，他们穿过带刺的铁丝网围栏抵达了终点。入营后，男女被分开安置。对此，特雷津的看守安抚大家：他们每天都可以在放饭时间与家人重聚，不用担心，这个隔离区与其他集中营不同。在这里，所有人都可以正常生活。

克莱因被带到了一个靠近城墙的营房里，坐在一张必须与他人分享的草席上。这个地方已变得过度拥挤。十天前，第一批犹太人才被送进隔离区；而现在，这里已经聚集了近七千人。第一批犹太人由三百名男性组成，是自愿来到这里的，因为纳粹党承诺他们可以在营区里自由行动，而且每周末都可以回家探亲。但实际上，他们是被派来把小镇的大城堡[1]改造成真正的集中营的。

在克莱因居住的宿舍里，地面由光秃秃的木板拼接而成。睡觉的时候，他就把行李箱当枕头用。这座营房本是为容纳三十人而建的，但实际居住人数却已达两百。营房外墙的每个角都安装了高音喇叭。每当载有囚犯的列车到站时，警报声就会响起，一天响好几次。任何人都不准在不被允许的时段走出营房。刚刚安顿下来，克莱因就注意到医务室里挤满了等待救

1　特雷津曾是一座具有防御作用的小镇，分为大城堡和小城堡两个部分。

治的患者。他猜想特雷津的小城堡[1]应该就是处决犯人的地方。大多数被囚者被分配了隔离区的建设工作：他们有的负责建造营房、焚尸炉，有的则被安排在党卫军的农场里干农活。这里没有毒气室，因为特雷津隔离区只是一个“中转站”。

克莱因很快就明白了纳粹党建造该隔离区的意图。两个月前，纳粹政权的数位高官——其中包括阿道夫·艾希曼[2]（Adolf Eichmann）——决定将全国所有的犹太人都聚集于此，然后把他们送到别的地方。作为“最后解决”[3]的后勤组织者，艾希曼想把特雷津打造成一个对外展示的“模范隔离区”。第三帝国的领导人们要让世人看到，欧洲犹太人在这里过着何等优越的聚居生活。这是纳粹党为蒙骗受害者和国际舆论而想出来的诡计。有了特雷津集中营，他们就可以在不引起其他人怀疑的情况下逐渐消灭欧洲所有的犹太裔名人、艺术家或知识分子。

在来到特雷津之前，这位年轻的作曲家明显感觉到了压迫政策的升级。1941年年初，他被禁止赴伦敦皇家音乐学院进修，

1 小城堡在大城堡附近，被当时的纳粹党用作监狱。

2 阿道夫·艾希曼（1906—1962）是纳粹党卫军上校，任务是把欧洲犹太人集中在德国控制之下。1942年，他被任命为“最后解决”首要执行者，屠杀了大量欧洲犹太人。

3 “最后解决”全称“最后解决犹太人问题”，法西斯德国屠杀犹太人以彻底灭绝犹太人的方案。据统计，欧洲地区约有600万犹太人遭到屠杀。

只因为他是犹太人。作为杰出的钢琴家，他的职业生涯才刚刚开始就遭受了重大挫折。从一年前开始，布拉格的犹太音乐家就被剥夺了公开演出的权利。为了能够继续演出，克莱因不得不用“卡雷尔·弗拉内克”（Karel Vránek）这个艺名偷偷举办音乐会。他还在朋友家或在与姐姐埃莉什卡及母亲合租的公寓里举办过几个月的私人演奏会。如今，他身处距布拉格约一小时车程的特雷津集中营。特雷津小镇有一个中心广场，纵横的街道呈直角相交，四周被城墙包围。克莱因对毒气室没有概念，唯一惧怕的就是未知的事物。他听人说起过达豪集中营和奥斯威辛集中营，觉得自己在这里总比在别处好。至少在这里，被纳粹囚禁的犹太人不会面临死亡的威胁。

克莱因既没有钢琴，也没有乐谱。在纳粹政府的命令下，音乐家们不得不把自己的乐器都上交给了德国当局。尽管特雷津的看守对每个入营的囚犯都进行过仔细的搜身，但个别音乐家还是成功地将一些小型乐器带入了集中营。最早出现的是一架被拆卸后又被重新胶合组装起来的大提琴，后来又多了几架小提琴、中提琴，还有几支单簧管——它们都是被拆成零件后偷运进来的。又过了几天后，人们在营房的阁楼里发现了一架破败的无腿钢琴。克莱因将它修复之后，营里的文化生活就在纳粹看不见的角落悄然兴起了。

在乐器和乐谱都极度匮乏的情况下，克莱因受到其指挥家朋友拉斐尔·舍希特（Rafael Schächter）的委托，决定先着手改编几首民歌。他俩是乘着同一趟列车入营的。舍希特想指挥隔离区的合唱团演唱这些歌曲。虽然克莱因既不懂希伯来语，也不会说意第绪语[1]，但还是开始了编曲工作。自此以后，首批入营的犹太人整晚都在吟唱着他改编的民歌。克莱因经常会用钢琴为他们伴奏。他们迟迟不愿入睡，仿佛这样就能推迟第二天的到来。克莱因专注于那些具有情感力量的作品，那些能够在一瞬间触动被囚者心灵的作品。此外，他还会为大家弹奏一些自己早就熟记于心的曲目：一开始是贝多芬的作品，后来又拓展到了莫扎特、舒曼、雅那切克[2]的作品。

对此，纳粹领导人决定放任不管。没错，他们一开始是禁止了一切艺术活动。但三周后，他们又改变了主意，因为他们觉得，让营里的囚犯搞点音乐活动可以避免他们做出反抗、叛乱之举。换言之，纳粹想通过“施舍”文娱消遣来换取对方的顺从，而且这样能使外界更加相信特雷津是一个“模范隔离区”。基于这些原因，营地指挥官塞德尔任由囚犯们唱歌弹琴。此外，塞德尔知道一件囚犯们不知道的事：他们很快就要被送往奥斯

1　意第绪语和德语很接近，其使用者主要是中、东欧的犹太人。

2　莱奥什·雅那切克（1854—1928）是捷克作曲家、音乐理论家和民俗音乐学者。

威辛集中营了。于是，音乐在特雷津变成了一种掩盖罪恶的假象。几周前，纳粹当局甚至设立了一个所谓的“娱乐管理部门”，以丰富营里的文化生活。囚犯们获得了额外的乐器——从其他犹太人那里搜刮来的。党卫军还提供了若干架钢琴，每位钢琴家每天都可以演奏两小时。到了晚上，囚犯们可以在宿舍里举办音乐会。纳粹的宣传政策已初步成形。

有个细节令克莱因感到特别不安，那就是他的听众一直在换。这里大约每个星期都会发出一趟开往奥斯威辛的列车，与此同时又会有新的囚犯来到特雷津。他不知道第二天有谁能留下来，不知道这个女人或那个男人明天是会继续坐在这儿听他弹琴，还是不得不登上远去的列车。死亡每天都在威胁着营里的每一个人。尽管如此，克莱因仍在坚持演奏，几乎每晚如此。他或许在想：纳粹企图把特雷津打造成一个宣传其意识形态的“橱窗”，那我们就设法用自己的力量和才华去把它打造成别的事物。这就是他坚持下去的动力。克莱因只要一出现，就能立刻引起大家的注意。他身材高大瘦削，头发乌黑，看上去自信满满。几年前，他才刚刚开启自己的钢琴事业，前途不可限量。可从今往后，他要征服的不再是布拉格的听众，而是特雷津的。当时同在营中的一名女囚犯叙述道：“他的琴音实在太美妙了，以至于我们每个人的脸颊上都淌下了热泪。”

不知是否就是在那一晚，在某个营房的阁楼里，克莱因坐在一架破旧的钢琴前，带着一个二十二岁的年轻人所应有的活力与激情，忘我地演奏着，仿佛自己身在别处。阁楼里只有三把椅子，因此大部分听众不得不站着听他演奏。有人透过阁楼的窗户向外看了一眼：几个党卫军看守正坐在门口的台阶上听克莱因弹奏。几个小时的精神食粮让人忘记了饥饿与苦难。对克莱因而言，这场音乐会就是他反抗纳粹政权的开端。

为了和剩下的时间赛跑，他用两年多一点的时间在特雷津创作了七部作品，其中有好几部都在娱乐管理部门组织的音乐会上表演过。他经常会对一些歌曲进行改编，目的是让囚犯们在夜晚有新歌可唱。克莱因简化了词曲，并融入了一些人们耳熟能详的流行旋律，使每首歌都变得朗朗上口。1942 年 4 月，他为男高音和男声合唱团写了一首名为《原罪》（*Péché originel*）的牧歌。这首歌的歌词选自他熟知的一首捷克民间诗歌，其灵感来源于亚当和夏娃的故事。他在乐曲中融入了一些安抚过其童年的捷克歌谣的元素。他使用了对位法、赋格风的乐段、不协和音、半音体系，让极强的表现力贯穿整部作品。男高音的部分音非常高，让人感觉似乎已达人声的极限。

此外，克莱因还深深热爱着法国诗歌。作为波德莱尔的狂热崇拜者，他总爱凭记忆诵念这位法国诗人的诗歌。还在布拉格的时候，他就经常主持一些介绍外国诗歌的讲座。克莱因开始创作自己的第二首五声部作品。这一次，他选择了15世纪法国诗人弗朗索瓦·维庸（François Villon）的一首回旋诗[1]作为歌词。这首诗谈论了死亡，开篇的诗句是："死神，请你重新审视对我的严苛。"在这首诗中，痛失爱人的诗人控诉了死亡的残酷，控诉它夺走自己的心头挚爱，并让他陷入两难的境地——为爱人殉情或者永远活在悲伤记忆中。这首歌没有伴奏，只有人声。克莱因运用了宽音程和引发焦虑的和声，似乎是在发泄自己的愤怒。试想一下集中营的囚犯们在听到唱词时的反应："我们虽是两个人，却只有一颗心 / 如果这颗心死了，那我也活不成 / 即使活着，也只是毫无生气地活着。"这首不和谐的、令人不安的作品以B大调的协和和弦结束，仿佛所有的危殆都只能在被埋葬并化为虚无后才能得到解决。

克莱因不抱任何幻想，他知道特雷津的下一站便是死亡。他在一部又一部的作品中倾诉着自己的心声，就像在写一本私人日记一样。他的挫败感和失落感愈加表露无遗了。艺术对他而言意味着什么？那是一种充分调动思想和感官的方式，只有依托这种方式，生活才不至于只剩下恐惧。他或许在想，其实在特雷津的音乐家们还是挺幸运的。毕竟他们还被允许演奏那

1　回旋诗是法国16世纪流行的一种诗体，通常为十三行。

些被纳粹视为“颓废音乐”的作品，甚至是门德尔松、马勒、勋伯格等犹太作曲家的作品。要知道，这些作品在纳粹帝国的其他地方早就被禁了。

克莱因在特雷津待了已有一年半。经过五个月的不懈努力，他终于在营里的一次音乐会上演奏了自己刚刚完成的《钢琴奏鸣曲》（*Sonate pour piano*）。几个月来，他一直把乐稿藏在宿舍的草席下面。自入营以来，这是他第一次为单一乐器创作曲子。乐稿上找不到一厘米的空白，所有空间都被征用了，鲜少沉默，仿佛他有太多的东西要表达、要抒发。从第一串音符开始，他的音乐就传达出一种焦虑感和紧迫感，以及节省空间的迫切需要。但从乐稿的笔迹来看，他在书写时既不焦躁，也不粗鲁。一个个音符彼此连接，相互堆叠。音乐主题以强化的方式循环出现，跌宕起伏，就像一种无法摆脱的痛苦一样。

有那么一瞬，乐曲听起来似乎不那么焦虑不安了，而是更偏雅致了，音乐节奏也慢了下来。听众以为迎来了片刻的平静，但事实并非如此。即使是速度较慢的乐章，其和声也充满了不稳定性。当年，在布拉格的一场场音乐会上，穿着考究、身材高挑的克莱因举手投足都散发着贵族气质；可如今，他已不知平和安宁为何物。他在这首乐曲中倾尽了毕生所学，融入了自己从榜样莫扎特、雅那切克那里学到的一切，仿佛这是他被允许写下的最后一部作品。当周遭都是毁灭性的末世景象时，这是他找到的保存人性的唯一方式。事实上，他所作的钢琴曲偶尔会令人联想起宗教仪式上音乐。克莱因只在特雷津演奏过一次这首《钢琴奏鸣曲》，当时用的就是入营后找到的那架残破的钢琴。是因为在众目睽睽之下暴露自我对他而言实在太难，还是因为他再也没找到其他的演奏机会，我们就不得而知了。

每晚，克莱因都必须努力忘掉自己身处的环境才能入眠。他看着身边同样不幸的囚友：就在几个月前，这些弱不禁风的身影还像正常人一样，有工作，有家庭，有朋友。仅凭一首钢琴曲根本拯救不了任何人，他心想。但起码到目前为止，大多数会乐器的囚犯的名字都没有出现在下一批被送往奥斯威辛的人员名单上。几乎每个星期，克莱因都会听到一批囚犯拖着沉重而疲惫的步伐最后一次穿越集中营。此外，还有不少病死的囚犯——营里每天有多达一百五十人死于斑疹伤寒。特雷津住着五万八千名囚犯，这个数字是该小镇从前人口的十倍。音乐并不能阻止囚犯们为争抢一块面包而拳脚相向，却能帮助克莱因支撑下去。

在干完一天的苦力活之后，音乐家们会越发频繁地聚集到特雷津的一所废弃学校的顶楼。他们在那里点亮油灯并将其亮度调到最低，然后借助微光阅读乐谱。指挥家舍希特希望组建一支乐队来演奏歌剧音乐。于是，克莱因研究起了威尔第的《弄臣》、普契尼的《托斯卡》（*Tosca*）和比才[1]的《卡门》（*Carmen*）。他们相继成立了数支乐队，又因人员流动而不得不看着乐队解散。1943 年，营里共有四支乐队（包括一支轻音乐 – 爵士乐队）以及十支合唱团。每趟开往奥斯威辛或东欧其他灭绝营的列车都会带走几位好不容易才被召集起来的音乐家。直到 1944 年 6 月的一天，情况似乎有了转机。

这天早上，营地指挥官对特雷津的艺术家们宣称他们不会被送往别处了，他们可以留在这里，免受死亡威胁。这种每天担惊受怕的日子终于要熬到头了，克莱因心想。可是，为什么会出现这样的逆转呢？为什么党卫军会突然决定保护犹太艺术家呢？战争就要结束了吗？总之，这个消息令所有人都在欣喜中沉浸了片刻。

实际上，这是因为国际红十字会即将来到特雷津视察。外界正在流传一些关于集中营的负面消息，这对第三帝国在国际上的形象造成了不良影响。纳粹当局不得不采取措施来挽回声誉，于是邀请了红十字会来参观特雷津。他们想让红十字会的官员们以及整个世界看看，囚犯们在这个“模范隔

1　乔治·比才（1838—1875）是法国作曲家，其著名作品《卡门》是全世界上演率最高的一部歌剧。

离区”里享受着怎样的优待。为此，纳粹党必须将特雷津精心布置一番，从而美化这座小镇。他们命人刷洗了人行道，重新铺砌了路面，在中央广场开设了几家商店，还为孩子们建了一栋漂亮的小屋。孩子们每天都可以来这里玩几个小时，还可以吃一顿点心。

1944年6月23日，墙上的油漆味还没来得及完全散去。纳粹党人提前对红十字会考察团的参观路线做了细致的规划。那些被允许与考察团成员对话的囚犯都是纳粹事先安排好的。考察团参观了一个设有若干独立盥洗盆的卫生间，只在那里停留了几秒钟，便移步到了别处。如果这些考察人员仔细检查一下水龙头的话，就会发现它们根本没被连接到任何管道系统……没有人试图偏离预定路线。也因此，集中营里的画家们没能找到机会把一份包裹偷偷交给红十字会的考察人员。这份包裹里装的是他们精心挑选的三十件作品，每一件都见证着他们在特雷津的真实经历。遗憾的是，考察团只知道遵循纳粹党人为他们制定的参观路线，并没有提出额外的视察要求。接下来是犹太音乐家们的表演时间。他们将演奏一部名为《布伦迪巴》（*Brundibar*）的儿童歌剧，其中的钢琴声部由克莱因负责。为表重视，党卫军的军官们也会到场观看。

为了给这场音乐会腾出场地，纳粹命人在半天之内清空了医院。所有患者都被转移到了营地西区的建筑群顶楼。观众席的第一排坐着若干位纳粹高级政要，其中包括阿道夫・艾希曼。四十多名儿童登上舞台，像彩排时一样脸上化着妆。在这半小时的演出中，孩子们可以不用佩戴“黄星”[1]标记，仿佛获得了片刻的自由。克莱因在他们身边弹奏钢琴，舍希特负责指挥。孩子们很熟悉这部能令人联想起古代童话故事的歌剧，他们已经在特雷津唱过五十次了。剧本讲述了两个失去父亲的孩子为生病的母亲寻找牛奶的故事。他们身无分文，于是决定通过卖唱来筹钱。这是集中营里最受欢迎的一部歌剧。演出按计划进行。结束时，乐队指挥转身朝向观众，一动不动，额头上闪着细密的汗珠，却并未行礼致敬。

这场完美的骗局落幕后，国际红十字会发表了一篇大肆赞扬特雷津的报告，称被囚者在那里过着“几乎正常的生活”。几周后，在8月，希特勒命人拍摄了一部宣传特雷津隔离区的电影，片名为《元首为犹太人建了一座城》（*Le Führer offre une ville aux Juifs*）。影片时长九十分钟，里面展示了踢足球的孩子、带着微笑工作的工人、种植蔬菜的妇女以及在阳光下打

1 “黄星”即犹太星，是二战时期被纳粹德国征服的欧洲地区内的犹太人被迫戴上的歧视性识别标记。

毛线的老奶奶。背景乐用的是奥芬巴赫[1]的一首轻音乐。

克莱因已经有九个月没有创作任何新作品了。他决定着手写一部《弦乐三重奏》（*Trio à cordes*），并打算把那些自幼时起就流淌在他身上的音乐写进这部作品里。该作品的灵感来源于捷克的民俗文化。在调性忧郁而悲伤的中间乐章中，克莱因对自己熟知的一首民歌进行了十三种变奏处理。透过一条纯粹清晰的旋律线，我们可以感受到：在集中营的高墙之内，童年经历成了他的宝藏。他似乎在拼命抓住回忆，仿佛音乐能让他重温过去，成为拯救他的解药一样。紧接着，在最后一个乐章中，愤怒的情绪占据了主导。

假如他来不及完成这部作品该怎么办呢？克莱因已经注意到，自从国际红十字会来视察过，纳粹在特雷津拍完宣传影片之后，开往奥斯威辛或东欧其他灭绝营的列车班次越来越密集了。截至 1944 年 10 月，营里只剩下一万一千人，其中仅有四百人是有能力干活的。时间的流逝未能削弱克莱因澎湃激烈的情感。他的《弦乐三重奏》从一开始就没给沉默留下任何空间，每一寸谱纸都写满了音符。音乐的纯净与作曲家的痛苦所形成的反差似乎为每个乐句都赋予了一种极致的深度。音乐于

1　雅克·奥芬巴赫（1819—1880）是出生于德国犹太人家庭的法国作曲家，也是法国轻歌剧的创始者之一。

他究竟代表着希望还是遗忘？不管怎么说，它似乎起到了麻醉剂的作用。

令人遗憾的是，这部三重奏最终未能在营里上演。1944 年 10 月 16 日，在完成了生命中最后一首室内乐创作的九天后，克莱因登上了开往奥斯威辛集中营的列车，编号 949。他离开了特雷津犹太隔离区——这座他于将近三年前踏入的围城，一扇扇沉重的车门在他身后发出了声声巨响。营地指挥官保证过，音乐家们可以不用被分开。他倒是说话算话。就这样，克莱因、舍希特以及其他人一起登上了这辆运输牲口的列车的头几节车厢。

刚刚到达奥斯威辛，克莱因就经历了一轮筛选。纳粹军官让他站到左边一列，也就是可以做苦力的一列。逃过了被送进毒气室的厄运后，由于身体状况良好，他被送到了奥斯威辛的附属营地福尔斯滕格鲁伯——西里西亚[1]的小集中营之一，并在那里当了三个月的煤矿工人。1945 年 1 月，德军节节败退，苏联红军将战线不断推进，党卫军不得不带着囚犯撤离奥斯威辛集中营及其分营。与其他较虚弱的囚犯一样，克莱因被抛弃在了营地里。1 月 27 日，在苏联军队迫近福尔斯滕格鲁伯之际，一支抵达当地的党卫军特遣队接到了屠杀囚犯的命令，而克莱

1　西里西亚是中欧地区名，包括波兰西南部、捷克东北部及德国东部。

因就在被害者之列。他在苏军解放该集中营的几天前去世了，享年二十六岁。

就在离开特雷津之前，克莱因设法把自己的乐稿托付给了一位女性友人，那是他自入营以来创作的所有作品。艺术高于一切，他应该是这么想的。有些东西并不会因为人的离世而死去。或许克莱因早就知道：有一天，历史会因为他的作品而记得他。

1925

米基斯·特奥多拉基斯

战胜军事独裁

天刚蒙蒙亮，特奥多拉基斯就和其他同志起草了第一份呼吁希腊人民起来抵制暴政的号召书：“法西斯主义是不会得逞的！民主万岁！希腊万岁！希腊人民万岁！”

▶ 推荐聆赏《墓志铭》

𝄞

作为最早起来反抗纳粹德国占领军的抵抗运动成员之一，希腊内战期间的民主斗士米基斯·特奥多拉基斯（Mikis Theodorakis）在1967—1974年希腊军政府时期可谓受尽折磨。在这世上，能让他心甘情愿付出毕生心力的，只有他的祖国。他的音乐是被践踏的希腊所发出的呐喊。带着自己创作的一首首歌曲，他“嫁”给了人民。多亏了他，那些伟大的希腊诗人的作品才能被传唱到最偏远的小村庄。20世纪60年代末，著名导演科斯塔-加夫拉斯选用了他的作品来为其政治惊悚片《焦点新闻》（*Z*）配乐。在军政府的独裁统治下，用音乐解放祖国的想法成了特奥多拉基斯的灵感来源。

1958年，特奥多拉基斯已在巴黎生活了四年。由于获得了一项奖学金，他得以在巴黎音乐学院进修，并师从奥利维埃·梅西安[1]（Olivier Messiaen）。但在他的心里，他从未离开过希腊。坐在拉丁区的一个露天座位上，他眼里看到的并不是巴黎的圣日耳曼大街，而是雅典的奥莫尼亚广场。他翻阅着手中的希腊报纸，以观望政局变动的迹象。人们正在谈论即将于5月11日举行的议会选举，这对希腊而言是一个新的希望。自二战期间被德国占领后，这个国家已遭受了太多的苦难。也正是在那个时候，年仅十七岁的米基斯加入了希腊抵抗运动[2]。在这个过程中，他学习了马克思主义，也因此决定了自己的人生道路。他成了民族解放阵线[3]的成员。此后，虽然世界大战结束了，但希腊的不幸却仍在持续：一场长达五年的内战造成了希腊共产党与亲西方势力的敌对。这段可怕的岁月使整个国家四分五裂，特奥多拉基斯对此记忆犹新。身体的病痛时常会令他想起自己在被流放到马克罗尼索斯岛期间所受的折磨。在那里，他曾两度被认为断了气，差点被活埋。在他的灵魂、思想、憧憬乃至血肉里，他的生命始终与希腊的命运紧紧相连，这一点永远不会改变。

1 奥利维埃·梅西安（1908—1992）是法国作曲家、风琴家、音乐教育家，并被公认为20世纪最具代表性的作曲家之一。

2 希腊抵抗运动是第二次世界大战期间，希腊人民为反对德国、意大利等国的占领和奴役而展开的反法西斯斗争。

3 民族解放阵线是轴心国占领希腊时期，希腊抵抗运动中的主要组织，其主要领导力量为希腊共产党，也有其他左翼力量。

1958 年 5 月的一个夜晚，坐在回家的车上，他重读了希腊著名诗人扬尼斯・里佐斯（Yannis Ritsos）的长诗《墓志铭》（*L'Épitaphe*）。1936 年，希腊的萨洛尼卡市爆发了烟草工人大罢工。示威的工人遭到了无情镇压，报上的一张照片记录了一名妇女面对倒在血泊中的儿子俯身落泪的一幕。看到这张照片后，诗人心潮澎湃，于是把这位母亲的悲伤写成了诗篇。这首诗是如此充满力量，如此深入人心，以至引起希腊高层的注意：当时的军事独裁者梅塔克萨斯命人将收缴的诗册尽数烧毁。

在浏览诗句时，特奥多拉基斯突然感到一连串的音符似波涛一般在他脑中漫溢开来。他迅速掏出笔记本，匆忙地在纸上画出几行五线谱，将流淌的音符挥洒在纸上。接连数小时，他马不停蹄地作曲，一晚上写了八首！他平时总要绞尽脑汁才能把法国诗歌谱成曲，但这一次，受自己深爱的母语的启发，他创作得毫不费力，各种旋律、乐句简直信手拈来。

特奥多拉基斯感觉自己得到了解脱，他终于把人生中最热爱的两件事物——希腊和音乐——结合到了一起。聆听着《墓志铭》，人们仿佛闻到了香桃木和松树的香味，看到了月桂树的粉色与海天的蓝色，遇见了那些在白屋前弓背弯腰的黑衣妇女……特奥多拉基斯在歌曲中融入了希腊的音乐传统，并用每个希腊人都能理解的简单词汇对诗句进行了调整和改编。这首动人心弦的哀歌令人回想起了战前的最后一波人民民主浪潮，那是黑暗时代到来前的最后一丝微光。对希腊人民而言，这一系列歌曲将重新燃起他们的希望。

几周后，在议会选举中，统一民主左翼党获得了四分之一的选票，正式成为希腊议会最大的反对党。

1960年春，特奥多拉基斯在海外漂泊了六年后，终于回到了希腊。这个国家在民主方面的变化与进步是显而易见的。统一民主左翼党已成为一支不容忽视的反对力量，人民也有了更多的言论自由。此外，警方的镇压已不似从前那样严厉，越来越多的左翼知识分子已从狱中获释。特奥多拉基斯惊喜地发现，《墓志铭》的成功远远超出了他的预期。两家唱片公司正在争夺这部作品的录制权，并愿意为这位年轻的作曲家提供最好的创作条件：与两位顶尖的艺术家——女歌手娜娜·穆斯库莉（Nana Mouskouri）及诗人扬尼斯·里佐斯——合作。唱片发行后，“热烈”一词已不足以形容其反响了，它简直成了一种社会现象。广播里每天都要播好几遍《墓志铭》。不论是在首都雅典——从市中心的高档街区柯洛纳基一直到平民街区普拉卡的小巷，还是在希腊最偏僻的乡村，到处都可以听到《墓志铭》的旋律。年长者在其中听到了传统的乡音，而年轻人则从中汲取了新的观念和希望。“这首歌就好比水源。年轻人之所以对其如此追捧，是因为他们渴望真理，渴望新鲜的活水。”特奥多拉基斯评论道。《墓志铭》正在编织一张团结整个民族的无形巨网。在配器中使用布祖基琴是特奥多拉基斯的一个了不起的点子。他用这种极具代表性的希腊民间流行乐器表达了那位母亲的丧子之痛，在此之前，人们只会在小酒馆里演奏这种长颈拨弦乐器。在选择重用布祖基琴的同时，作曲家也把希腊民族文化推到了台前，打破了严肃音乐与通俗音乐之间的界限。专辑《墓志铭》获得了圆满的成功。1961 年，特奥多拉基斯凭借这部作品在雅典举行的第三届希腊歌曲节上赢得了头奖。

然而，这一切超出了希腊执政党的容忍限度。几天后，他的歌曲在官方的广播电台被禁播了。议会选举将于一个月后（1961 年 10 月）举行，右翼政党必须谨慎行事。他们对左翼党派在 1958 年的选举中初露锋芒一事仍耿耿于怀，不希望输掉这次竞选。因此，他们不能再让民众听到特奥多拉基斯的任何一首具有煽动性的歌曲。从此以后，人们该到哪里去听他的音乐呢？为了解决这个问题，特奥多拉基斯决定组建一支民间乐团，然后到希腊各地进行巡回演出。就这样，他带着两支布祖基琴、一把吉他和一件打击乐器踏上了旅程。凡其所到之处，群众无不热情高涨。但希腊当局却在千方百计地阻挠人群进入他们的表演会场。在一个城市，政府明令禁止市民在街上演唱“共产主义”诗歌；在另一个城市，军队撕毁了特奥多拉基斯音乐会的宣传海报。不久后，这种暴力镇压达到了顶峰。

在纳乌萨，特奥多拉基斯的音乐会被禁了。他发动了各种关系才在最后一刻从该市市长和警察局局长那里获得了演出许可。不过，现场仍然被警察重重包围起来。但人群也毫不示弱，他们冲断了安全警示带。翌日，在第二场表演开始前，乐手们收到了警告：“你们若继续演出，就会性命不保。”最终，乐团的六个人里只有两个人坚持上台了。特奥多拉基斯对着话筒说道：“我正在写《已故兄弟之歌》（*La Chanson du frère mort*），一部反映内战的音乐戏剧作品。在这部作品的结尾，敌人会重新变为朋友，那些将我们团结在一起的东西将打败那些分裂我们的东西。这里仍有人想散播仇恨，而我只想终结仇恨。”说罢，他坐在钢琴前，轻抚琴键，奏起了这部即将诞生的清唱剧里的一小段配乐。最后一句唱词是：“握住对方的手，团结起来吧。”听到这里，所有乐手都一个接一个地登上了舞台。演出继续进行，直到一枚石块砸到了他们面前。紧接着，又有更多石块砸向了他们。那是一帮警察从周围建筑的阳台上掷过来的。台下观众一致请求特奥多拉基斯中止演出，并一路护送他回到了其下榻的宾馆，甚至在门口守卫他的安全。局势已经变得太过危险，于是他不得不放弃巡演，返回雅典。回去以后，迎接他的群众发出了热烈欢呼。

然而，特奥多拉基斯的反对者也不在少数。一名外交官对他说："你无权诋毁你的国家。"还有一家右翼大报的社长，他约见了特奥多拉基斯，但他们的会面更像是一次恐吓："几天后，我们将赢得选举，到时候国家机器还将掌握在我们手中。当然，它也可以掌握在你手中，但有个条件——你别再开口说话。你是共产党员，我们很了解你的想法。如果你能老老实实地演奏你的音乐，不发表意见，那么广播、剧院、国家乐团……一切都可以是你的。因为我们欣赏你，喜欢你的音乐。但我们不能任由你发表对我们不利的言论。"对特奥多拉基斯这样一个具有抵抗精神的共产主义战士来说，接受对方的条件无异于背叛自己的理想！于是，他断然拒绝了。

1963 年 5 月，希腊左派议员格里戈里斯・兰布拉基斯（Grigoris Lambrakis）遇刺身亡的事件使特奥多拉基斯进一步踏上了政治舞台。两年前，1961 年 10 月的议会选举受到了政府的操控，执政党获得了略超过一半的选票，以微弱优势险胜。自那以后，希腊的示威游行不断，但每次都遭到镇压。身兼议员、医生和雅典大学教授的兰布拉基斯是这一系列抗议活动的领导人之一。1963年5月22日，他在萨洛尼卡市被一辆三轮货运车蓄意撞倒在地。这一切就发生在一帮警察和宪兵的眼皮底下，但他们并没有采取任何措施去拦截肇事车主，任由其在光天化日之下逃之夭夭了。病床上的兰布拉基斯奄奄一息。夜里，民众自发聚集到了他所在的医院门口，在哀伤的气氛中轻轻唱起了《墓志铭》里的歌曲——这部作品变成了一面燃着熊熊怒火的旗帜。特奥多拉基斯将其好友兰布拉基斯被暗杀的事件视为政府的挑衅。为了回应这一挑衅，他创立了一个以这位已故左派议员的名字命名的青年运动组织。不久，该组织的活跃度就引起了希腊当局的担忧。“兰布拉基斯青年运动”组织的规模在两年内不断壮大。凡是身上佩戴“Z”字样徽章的人都会被传唤到警察局。字母“Z”是该组织的标志，也是希腊文“Zei”的首字母，意思是“他活着”。从此，该组织也成了一系列恐怖袭击的目标。特奥多拉基斯的唱片打破了所有销售纪录，但他的音乐却于不久前被希腊国家广播电台禁播了。

随着时间的推移，希腊政府的专制统治倾向越发明显。在雅典，警方截查、殴打和随意逮捕市民的事件与日俱增。1967年春，特奥多拉基斯在前往科林斯的途中，被一名骑自行车的二十岁青年叫住了。这名青年从他高大的身材认出他就是那位全国最知名的音乐家。“特奥多拉基斯先生，我想问您一件事，”青年说道，“接下来，我们国家会变为独裁政体吗？”“我不知该怎么回答你，确实很有可能。”“特奥多拉基斯先生，您知道我们村里都在说什么吗？大家都在说，如果希腊将面临独裁统治，那我们至少还有《理所当然》[1]（*Axion esti*[2]）。”这是特奥多拉基斯于四年前创作的一部脍炙人口的清唱剧的剧名。该剧的唱片一经发行，便在全国范围内售出了数千张，迅速成为他取得的最大的商业成功。这部旷世巨作是对自由的歌颂，涵盖了希腊的整部历史，从希腊国土的诞生一直到希腊在第二次世界大战和内战期间所受的压迫。和平自由的时刻终会到来，但这只有在人民经历苦难之后才能实现。这种和平自由的境界正呼应了一首同样名为《理所当然》的拜占庭圣咏，那是唱给圣母的赞歌。在特奥多拉基斯的这部清唱剧里，传统乐器的使用、精心雕琢的节奏、时而带有东方气息的装饰音以及拜占庭音乐的影响，都令曲风极富希腊特色。尽管作曲家并没有运用什么革命性的音乐技巧，但希腊民间音乐与古典技巧却碰撞出了一种新音乐。很快，该作品便在大街小巷传唱开来。

1 《理所当然》是特奥多拉基斯根据希腊著名诗人奥德修斯·埃里蒂斯（1911—1996）的一首同名长诗谱写而成的。

2 “Axion esti”在希腊文里的本义是“它是值得的”。根据希腊正教教会传统的解释，它有两个含义：第一个是一首拜占庭圣咏的名称，以歌颂圣母；第二个是一座著名的神圣处女像，今仍在阿陀斯山上。

几天后，在 1967 年 4 月 20 日的夜里，特奥多拉基斯家的电话铃响了。凌晨四点，一位友人打电话通知他说，数辆装甲车已经包围了议会大厦。由乔治斯·帕帕佐普洛斯（George Papadopoulos）上校率领的军政府刚刚夺取了政权，废除了宪法。黑暗的希腊军政府时期开始了。

特奥多拉基斯的妻子催促他赶紧在警察来家里之前出去避一避。于是，他在第一时间躲到了离自己家五百米远的父亲家。凌晨五点四十分，军方通过广播电台宣布他们已经控制了全国。天刚蒙蒙亮，特奥多拉基斯就和其他同志起草了第一份呼吁希腊人民起来抵制暴政的号召书："法西斯主义是不会得逞的！民主万岁！希腊万岁！希腊人民万岁！"这份号召书上的署名为"爱国阵线"。

一个月后，军政府颁布了一项禁演所有希腊戏剧的政令：索福克勒斯[1]、欧里庇得斯[2]、阿里斯托芬[3]的作品都在禁演名单之列。六百四十七种书、四十三种报纸和四十八种杂志被禁。反抗者不是被杀，就是被关进了监狱。作为政变当天唯一没被

1　索福克勒斯（约前 496—前 406）是古希腊剧作家，与埃斯库罗斯、欧里庇得斯并称"希腊三大悲剧大师"。

2　欧里庇得斯（约前 480—约前 406）是希腊三大悲剧大师之一。

3　阿里斯托芬（约前 446—前 385）是古希腊早期喜剧代表作家，有"喜剧之父"之称。

逮捕的希腊政治领导人，特奥多拉基斯正在一位朋友家里避难。几天来，他一直闭门不出。他必须给自己制订一个行动计划，因为他知道，消灭独裁统治可不是一朝一夕的事。

已经两个月了，特奥多拉基斯一直过着躲躲藏藏的地下生活。他识破并避开了军事警察设下的一个又一个陷阱。他是否该离开这个国家呢？是否该逃跑呢？只要找人帮帮忙，他完全可以办到。可是，他留下来对雅典很有用：他和他的音乐一样，是一种既危险又鼓舞人心的存在。有人说在布鲁塞尔见过他，有人说在巴黎见过他，还有人声称他藏在一艘游艇上或一名议员家中。他似乎无处不在，却又无迹可寻。没有人知道他的确切行踪。

假如他不幸被捕，假如他不得不赴死，那么他的作品将会接替他继续这场斗争，他心想。他的音乐比他自身更强大。军政府深知人民能从他的乐曲中汲取什么力量，深知他的诗文在以何种方式团结并鼓励着那些憧憬自由的人们。对于上校政权[1]而言，特奥多拉基斯的音乐是一个很特殊的敌人，值得被特殊对待。于是，他们颁布了一项专门的法令——第13号军令。该军令规定：鉴于米基斯·特奥多拉基斯（已解散的共产党组织“兰布拉基斯青年运动”的前领导人）的音乐是为共产主义

1　上校政权为军政府的别名。

事业服务的，禁止复制或播放该共产党员作曲家的任何作品。这些压迫者恐怕没有想到，他们的法令恰恰是对这位信仰自由的作曲家的最高褒奖。

即使作品被禁，特奥多拉基斯也不会放弃创作。他见招拆招，买了两台磁带录音机，打算继续用音乐来反抗军政府的统治。他坦言："当我再次开始作曲时，我胸中溢出的都是充满反叛精神的歌曲。"他在每天入夜时录制歌曲。不久，第一批磁带就流到了民间。一天晚上，在收听希腊共产党的广播时（虽然该电台已在希腊国内遭到禁播，但听众仍可以收到它从一些社会主义国家发射的广播信号），特奥多拉基斯听到了世界民主青年联盟向他发出的呼吁：他们请求特奥多拉基斯为他们写一首歌。于是他在作品完成后，借助录音机录下了这首歌曲。为了录制三个声部（三个互相重叠的人声），他先在第一遍录音时演唱了第一个声部；然后在第二遍录音时，一边播放第一个声部，一边演唱第二个声部；最后再用同样的方法录下了第三个声部。一段时间过后，警方误将该作品的演唱者认定为特奥多拉基斯的某位同志。结果这位同志迅速被捕，并遭到了严刑拷打。但实际上，他根本不了解特奥多拉基斯的任何一句歌词。

8 月中旬，天气闷热干燥。经过数星期的追捕，警方有了更多的线索，进而找到了特奥多拉基斯的藏身之处。深夜，一帮警察带着武器，从雅典赶往科林斯。驶入科林斯以后，他们的吉普车队向当地的一座山丘进发，他们的搜索目标是一栋绿色的小屋。据说作曲家就藏在那里，那是他的一位同志的母亲家。面对眼前的两栋绿色建筑，警察们有一丝犹豫：他们的“猎物”究竟藏在左边的那一栋里，还是右边的那一栋里呢？特奥多拉基斯的房间在二楼，他的床上放着一份有关“爱国阵线”的纲领性文件。若形势危急，该文件必须被及时销毁。

他看到了屋外的警察，听到了他们的脚步声。现在逃跑已经太迟了，搜查行动已经开始。他躲到钢琴后面，心脏狂跳不止。此刻的他已别无他法，只能默默等待并期待奇迹出现。大约三十分钟后，警察发现了他的小印刷作坊，然后又找到了一套上尉制服。这下完了。“这套衣服是谁的？”“是我女儿的一位朋友的。”屋子的女主人答道。警察们随即朝钢琴走去，在那里找到了作曲家。“你是米基斯·特奥多拉基斯吗？”“是。”他们扒掉了他的睡衣，并命令他跪下。

来不及烧毁乐谱了。这群身着黑色制服的男人把他的双手绑在了背后。特奥多拉基斯被允许穿上那套上尉制服的裤子蔽体。“你为什么会穿上尉的制服？”带队的警察问道。“因为我很谦虚。按理说，我配得上将军的制服。”被人用布袋蒙住头部后，他被带上了车。汽车行驶到几公里开外的雅典市中心，然后停了下来。他们来到了保安局的大楼前（就在国家博物馆的后面），警察推着特奥多拉基斯走向楼梯。爬了四层楼后，有人摘掉了他头上的布袋。一位警官走到他面前，接着对他的审问一直持续到了黎明。这名叫朗布鲁的警官问他建立“爱国阵线”的目的是什么。他的回答可以用几个字来概括：推翻独裁统治。接下来，特奥多拉基斯被要求详细交代该组织的行动策略。其实，这早就不是什么秘密了：所有细节都已在他自己印制的数千张传单上写得清清楚楚了。清晨，特奥多拉基斯被带到了一间单身牢房里。在四堵墙之间，只有一把简陋的木椅。在这个逼仄的空间里，他思考着自己临死前要喊出的最后一段话。这段话的结尾一定是：“自由万岁！希腊万岁！世间之美万岁！”接着，他对身后的狱警喊道：“告诉你的上级，你们是无法阻止我以共产党员的身份光荣牺牲的。”

在监狱里，特奥多拉基斯思绪万千。想当年，在一段短暂的时期内，希腊皇家武装部队的官方电台不但允许播放他的歌曲，而且还制作过若干档关于他的专题节目。那时候，人们常常可以在广播里听到：“× 区的居民，警署很高兴在接下来的十五分钟里为您带来米基斯 · 特奥多拉基斯的音乐。”1960 年的狂欢节期间，他甚至应邀参加了警校举办的联欢会。当时，警校校长用手搭着他的肩膀对他说："我们都很支持你，大家很喜欢你的音乐。我和你一样，也是克里特岛人！"可如今，一切都变了。不仅作曲家被关进了监狱，就连那些听他音乐的人也会受到追捕。一名女大学生不但被捕，还受到了审判，原因是她在用电唱机播放特奥多拉基斯的唱片时，把音量调得过高了。

已经十天了，没有人有特奥多拉基斯的任何消息。他死了吗？被用刑了吗？他的身体状况如何？在国际上，好几个国家都表达了自己的担忧，并质问希腊军政府音乐家的行踪。国际舆论的压力与日俱增。特奥多拉基斯的妻子米尔托联系上了军政府官方报刊《自由世界报》（*Eleftheros Kosmos*）的社长，要求他说出实情，保证她的丈夫还活着。几小时后，一名狱警给特奥多拉基斯送去了一沓空白的五线谱纸。奇怪了……这份礼物是什么意思？他们为他设下了什么陷阱？

两天后，两个男人走进了他的牢房：一个是《自由世界报》的社长，另一个是保安局的局长。他们是来同他谈判的。他们想让他在媒体面前露个面，向世界证明他还活着。特奥多拉基斯同意了。他希望借此机会让希腊人民看到个体可以与强权对抗，同时为那些在地下作战的人加油打气。他下了几层楼，来到一个聚集着记者的大厅里。然而，在见面会结束后，军政府只发布了一张照片，一张特奥多拉基斯面带微笑的照片。这张照片登上了军政府官方报纸的头版头条，并被附上了这样一个标题：“米基斯·特奥多拉基斯背弃了共产党。”原来，这就是那叠五线谱纸的陷阱。他们当初之所以给他送这份礼物，是为了讨好他，从而让他更轻易地答应出席记者见面会。通过这张照片，军政府想让人们以为特奥多拉基斯出卖了他的组织，并且正在与上校政权合作。

自从有了新的五线谱纸，他的手就没有停歇过。谱完曲后，他又开始撰写歌词。他写了十三首诗，并将这组诗命名为《太阳与时间》（*Le Soleil et le Temps*）。歌曲的旋律变得纯粹而柔缓，几乎成了一种呜咽和呻吟，讲述着监禁、孤独、恐惧和痛苦。就在他的牢房上方，一间行刑室刚刚被布置完毕。特奥多拉基斯在作曲时，总能听到楼上传来的尖叫声、殴打声以及施刑者的叫嚣与谩骂。最难忍受的是第一下，他心想。只要能忍受住身体上的痛苦，就能挺过去。虽然他的妻子和父亲获得了探监的批准，但审讯仍在继续。他们要他放弃音乐，这也是他逃避死亡的唯一途径。

尽管害怕，但特奥多拉基斯就是不肯妥协。11 月初，他开始绝食，原因是军政府不允许他为“爱国阵线”的战友们出庭做证。一天，米尔托在探监时发现自己的丈夫已经不省人事了。

“你们这帮杀人犯！”她激动地喊道。特奥多拉基斯的父亲立即给希腊公共秩序部部长发了一封电报：“我儿子要是有个三长两短，我就找您负责。”一小时后，特奥多拉基斯被转移到了阿韦罗夫监狱医院。十天后，他恢复得差不多了，正好来得及赴雅典军事法庭参加庭审，同时受审的还有“爱国阵线”的其他三十一名成员。

然而，庭审已经在他缺席的情况下开始了。军政府谎称音乐家因健康原因而无法到庭，发表了一系列虚假陈述。他们把特奥多拉基斯描述成了一个叛徒，还拿出了各种伪造的文件，旨在令人相信他告发了自己的朋友们——那些帮助过他、收留过他，且不顾禁令与他在夜晚歌唱的人。特奥多拉基斯通过报纸才了解到军政府策划的这出戏码。开庭四天后，他给法官写了一封信：“我的身体状况完全不影响我出庭，我坚决要求受到法院的传唤，以便亲自回应那些对我的诽谤。”庭审结束后，特奥多拉基斯被剥夺了作曲的权利。这个惩罚固然残酷，但他逃过了最坏的结果。国际社会施加的压力使他同另外三百名囚犯一样，可以免于一死。鉴于这些人都是西方世界最知名、最有资历的人物，军政府被迫赦免了他们。

但是，特奥多拉基斯仍未放弃抵抗。自 1968 年 1 月末从监狱获释后，他无视禁令再次投入音乐创作中。这一次，他根据流亡诗人的诗作谱写了好几组歌曲。与此同时，他还组建了一个全国抵抗运动委员会，以期把反对派的所有地下势力都整合起来。他被邀请去伦敦、罗马和巴黎指挥音乐会，但希腊当局拒绝为他签发护照。这又何妨呢？！反正他的作品仍在继续跨越国界，军政府根本无法阻止他的歌曲磁带被带出国门。他们虽然竭力钳制他的言行，但不敢处死这位极度碍眼却又过分杰出的反对者。

那该怎么办呢？答案是再次逮捕特奥多拉基斯，并尽可能地惩罚他。8 月 21 日，他与妻子、女儿玛加丽塔和儿子约尔戈斯被软禁了起来。软禁地点是军政府精心挑选的。在与军政府某位部长的一次谈话中，特奥多拉基斯不慎说出了类似“我永远无法在远离大海的地方感到快乐”的话。一回到办公室，这位部长便嚷嚷道:“特奥多拉基斯喜欢大海对吧？把地图给我。”他故意找了一处离海岸最远的地方——扎图纳，然后把作曲家送到了那里。扎图纳是希腊阿卡迪亚州的一个山村，位于伯罗奔尼撒半岛中心地带的陡峭山坡上，海拔高度为一千米，堪称一座天然的“堡垒监狱”。村子不大，只有三十间屋子，但被派驻当地的警察却多达四百人，只为看守一名囚犯。这里每年都要经历漫长的雨雪和大雾天气。作曲家每天的外出时间被限制在两小时内，而且要不停地受到监视。

从今往后，他再也无法向外界传送自己的音乐作品了。可是，法国导演科斯塔－加夫拉斯却十分期待与他合作。科斯塔－加夫拉斯刚刚拍摄完《焦点新闻》——法国第一部真实的政治电影。该片讲述了一位法官和一名摄影记者为弄清楚一位反对派议员的政治暗杀事件而展开的一系列调查，故事背景取材于 1963 年希腊左派议员兰布拉基斯的遇刺事件，只是片中并未提及任何国家名。科斯塔－加夫拉斯企图从广义的角度来阐述专制政权的主题，将希腊当局操纵警察、军队及司法部门的腐败之风上升为独裁体制的普遍现象。兰布拉基斯逝世的第二天，萨洛尼卡市的公共墙面上画满了字母“Z”的涂鸦。科斯塔－加夫拉斯想要特奥多拉基斯来为自己的电影配乐。在他看来，特奥多拉基斯是希腊最伟大的音乐家。他很喜欢这种点缀着传统气息的音乐，有时如梦似幻，但往往充满了戏剧色彩。他觉得这种音乐很适合大银幕，更何况他本人对特奥多拉基斯的作品了如指掌，常常循环播放它们。谈到带有政治立场的音乐时，他第一个想到的就是特奥多拉基斯的作品，没有比这位作曲家的音乐更适合这部电影的了。他心里非常笃定，特奥多拉基斯就是他想要合作的对象。可是，怎样才能与这位作曲家取得联系呢？怎样才能获得他的许可呢？为此，科斯塔－加夫拉斯委托了本片的演员兼制片人雅克·贝汉（Jacques Perrin）去与对方会面。

通过在扎图纳假扮游客，雅克·贝汉成功得到了接近特奥多拉基斯的机会。鉴于自己无法对外传送任何作品，特奥多拉基斯从烟盒上剪下一小块儿硬纸片交给了雅克·贝汉，上面写着："科斯塔 – 加夫拉斯可以任意使用我的作品。"于是，科斯塔 – 加夫拉斯从一组名为《人质》（*L'Otage*）的歌曲——其中有好几首都是体现人民斗争的——中选取了若干片段。这些乐曲片段出现在了电影的许多重要场景中，但只有一个场景例外。当伊夫·蒙当（Yves Montand）饰演的反对派议员准备上台发表演讲时，被一个从人群中冲出来的暴徒击中了头部。在给该场景配乐时，科斯塔 – 加夫拉斯没能找到合适的乐曲片段。苦思冥想一番之后，他请剪辑师截取了特奥多拉基斯的几小节音乐，然后将其按照从末尾到开头的顺序进行播放。数年后，在第一次观看这部电影时，特奥多拉基斯问科斯塔 – 加夫拉斯："这段音乐是从哪儿来的？""这是您的音乐，"导演解释道，"不过您得仔细听，因为它是被倒过来播放的！"

从电影的片头字幕开始，辉煌的圆号声便奏响了引人入胜的主题音乐。被用作背景声的希腊传统乐器不仅为音乐作品带来了节奏感，也为其赋予了独一无二的地方特色。在一些追逐和动作场面中，主题音乐再次响起，不过这一次却是由电子乐器来演奏的。将民间乐器与古典管弦乐相结合，在此基础上再加上电子乐的元素：这既是特奥多拉基斯在《焦点新闻》的原声音乐中所留下的个人印记，也是他用音乐献礼希腊民主抵抗运动的方式。1969年，这部电影在戛纳电影节上斩获了评审团奖，而扮演法官的让-路易·特兰蒂尼昂（Jean-Louis Trintignant）则获得了最佳男演员奖。一年后，好莱坞又给这部电影颁发了奥斯卡金像奖最佳外语片奖和金球奖最佳外语片奖。在希腊，这部电影直到五年后军政府垮台之际才被解禁。

在伯罗奔尼撒半岛的这座小山村里，特奥多拉基斯无权接受任何人的探视。在被软禁十四个月后，他被押送到了距雅典以北约五十公里的奥罗波斯集中营。他患上了肺结核，军方称在那里更方便对他展开救治。他的父亲设法偷拍到了他的近照。不久，这些照片便在国外流传开了，全世界人民都看到了特奥多拉基斯病体孱弱、瘦削憔悴的样子。包括伦纳德·伯恩斯坦[1]（Leonard Bernstein）和肖斯塔科维奇在内的一群国际知名人士联名呼吁希腊政府释放这位作曲家。一支由斯堪的纳维亚地区的国会议员组成的代表团在一名丹麦肺科专家的陪同下赴希腊营救特奥多拉基斯，却在到达雅典机场时被强行遣返了。对军政府而言，来自国际社会的压力变得越来越难以承受，他

1　伦纳德·伯恩斯坦（1918—1990）是犹太裔美国作曲家、指挥家、作家、音乐教育家和钢琴家。

们将不得不设法摆脱这个碍事的囚犯。4 月初，特奥多拉基斯被送进了一家监狱医院。当时的他还不知道，在经历了三年的悲惨生活后，他马上就要重获自由了。

1970 年 4 月的一天，结核病疗养院的院长让他收拾好自己的衣物。特奥多拉基斯带着行李来到了空无一人的院子里。突然，沉重的院门打开了。一辆黑色汽车正等着他，他的妻子米尔托手里握着一朵虞美人迎接他。特奥多拉基斯登上了车后座，汽车像一阵风似的疾速驶离了现场。坐在他身旁的是一位从巴黎远道而来的法国政治家——让 – 雅克 · 塞尔旺 – 施赖伯（Jean-Jacques Servan-Schreiber）。特奥多拉基斯感觉自己像做梦一样，他的自由之路终于就此开启了！到了机场，他按照指示登上了一架飞往巴黎的小型飞机。这位作曲家之所以能够得救，全都归功于国际上的声讨和动员行动。他一辈子都不会忘记世界人民的深情厚谊。然而，希腊军政府并没有完全放手：特奥多拉基斯的妻子和孩子们还在他们手上，他们企图通过这些人质来让作曲家闭嘴。抵达法国后，特奥多拉基斯反复强调自己将一如既往地为祖国而战：“我爱我的妻子，也爱我的孩子们，但我更爱希腊。”

在巴黎，他终于迎来了向全人类揭露上校政权丑恶嘴脸的时候。四年间，他组织了三百多场音乐会，以动员反希腊独裁者——乃至反全球独裁者——的力量。他根据智利诗人巴勃罗·聂鲁达（Pablo Neruda）的《漫歌集》（*Le Chant général*）创作了一部清唱剧。它就像一幅描绘美洲人民历史的大型史诗壁画，聂鲁达于1972年回智利之前观看了歌剧的头几次彩排。面对同样的压迫者，这部作品见证了同样的希望："北美洲，如果你武装起你的军队 / 去破坏这纯洁的边境 / 派出芝加哥的屠夫 / 去统治我们所爱的音乐和秩序 / 我们将从岩石和空气中冲出来，咬你 / 我们将从最后一扇窗户冲出来，射击你 / 我们将从最深的浪涛里冲出来，用荆棘刺死你 / 我们将冲出来，断绝你的面包和水 / 我们将冲出来，在地狱里烧死你。"[1] 该剧将于1974年9月7日在《人道报》节[2] 上举行世界首演，其出场顺序在柏辽兹的《安魂曲》（*Requiem*）和莱昂纳德·科恩[3]（Leonard Cohen）的流行乐之间。

在土耳其入侵塞浦路斯之后，希腊军政府因对塞浦路斯国内局势干预不利而于1974年7月25日倒台了。希腊人民重新获得了自由。特奥多拉基斯等待已久的复仇时刻终于到来了。回到雅典后，他在机场受到了热烈欢迎。如今，他的音乐被用

1 见《聂鲁达集》，赵振江译，花城出版社，2008年。

2 《人道报》节是法国每年9月举行的大型游园活动。该活动得名于法国共产党党报《人道报》，由该社主办。

3 莱昂纳德·科恩（1934—2016）是加拿大创作歌手、音乐人、诗人及小说家。

来庆祝独裁统治的终结，这是一次重生。他等了两个月才举行首场公开音乐会。10 月，在卡雷斯卡基斯体育场，他的两场音乐会聚集了八万人。演出结束时，他的所有战友——包括诗人里佐斯——都一起登上了舞台。大家异口同声地唱起了那些在七年独裁统治期间被禁的歌曲，台下观众也都情不自禁地齐声跟唱起来。这些歌曲曾是他们的武器，也是他们反对压迫的心理支撑。

特奥多拉基斯始终保有对政治的热情。他认为希腊应当向民主制度平稳过渡，但他的党派对此并不认同。他在 11 月的议会选举中落败了。可这又怎样？就像一位不知疲倦的朝圣者一样，他再次拾起行路杖，踏上了漫漫征途，以追求一个更加公正的社会。他挺起那副被多年贫苦的流放生活压弯的身板，接连在雅典、萨洛尼卡、科孚岛、塞浦路斯等地举办了一场又一场大型民间音乐会。无论他走到哪里，群众都会为他喝彩鼓掌，以欢迎这位人民作曲家和自由使者。毕竟，是他让一个被禁言的希腊发出了声音，也是他对希腊喊出了：“我俩是阔别七年后又重新相聚的恋人。”

1947

约翰·亚当斯

美国之声

对亚当斯而言，作曲在此时似乎已成为一种义务，是他作为公民应当采取的行动。他知道纽约爱乐乐团之所以联系他，是想让他为所有美国人感同身受的情感发声。

▶ 推荐聆赏《灵魂转世》

𝄞

在目前仍在世的美国作曲家中，约翰·亚当斯（John Adams）是作品被演奏次数最多的作曲家之一。他的作品是当代美国历史的动人见证。从 1972 年尼克松总统访华到 2001 年 9 月 11 日的恐怖袭击事件，亚当斯通过自己的作品记录了美国当代史上的若干个重要时刻。

美国总统的专机在北京上空缓缓降落。在一排排中国军人的注视下，美国总统尼克松及夫人帕特走下舷梯。第一夫人着一身鲜红的长大衣，挤出了一个极为上镜却略显僵硬的笑容。在机场的停机坪上，中国总理周恩来上前迎接尼克松，淡黄色的日光投下两个修长的身影，他俩互相握了握手。“您一路上还顺利吗？”中国总理周恩来问道。“哦，挺好的。感觉比平时都更加顺利。”随后，围绕在降落跑道周围的中国仪仗队高唱起了《三大纪律八项注意》。以上是歌剧《尼克松在中国》

（*Nixon in China*）的第一幕的场景。1987 年年初，亚当斯带着忐忑的心情呈现出了自己的第一部歌剧，这也是历史上第一部以新闻时事为题材的歌剧。

扮演尼克松的是一名嗓音粗犷遒劲的男中音，而扮演毛泽东的则是一名嗓音高亢的男高音。剧中演员的外形都与这些历史人物极为相似，其表演带有很强的戏剧夸张效果，这一点从歌剧的脚本和配乐中可见一斑。1972 年 2 月，也就是十五年前，在美国总统访问中国期间，毛泽东、尼克松及其夫人的一言一行似乎都被历史的眼睛和耳朵捕捉了下来。美国总统的这趟访华之旅在中国对外开放的缓慢进程中起到了决定性的作用，并且首次被谱写成了歌剧作品。

起初，亚当斯并不想参与这部剧的创作——他不喜欢歌剧，而且坚信这种音乐体裁只适合演绎神话主题。正因如此，他从未写过歌剧。但这次不同：向他发出邀请的是导演彼得·塞拉斯（Peter Sellars），而且对方非常坚持。这位年轻的天才导演有志于革新历史题材歌剧的传统。这是一次机会，他们可以借助这部歌剧唤起人们对发生在当代的这起重要事件的记忆。况且，女诗人爱丽丝·古德曼（Alice Goodman）已经答应为这部歌剧撰写脚本。于是，该项目在亚当斯的脑海中逐渐成熟起来。这将是一部奇妙而复杂的作品：它既是一部史诗，又是搞笑的幽默剧；既是对政治事件的轻松戏说，又是对历史问题的严肃审视。只有歌剧这种体裁才能探讨这样的题材。对此，亚当斯已不再有任何疑虑。

亚当斯的母亲是新罕布什尔州民主党自由派的一名积极分子，这影响了他。亚当斯甚至还保留着一张他母亲与约翰·肯尼迪（John Kennedy）母亲的合影，后者是一个身材娇小但精力充沛的女人。照片上，她俩正在用一组优雅的银器共进下午茶。而尼克松在亚当斯的童年时代一直都是一个令他不安的存在。1960年，肯尼迪虽然赢得了美国总统大选，但优势并不明显。亚当斯始终不明白，面对肯尼迪这样一个帅气、有魅力的竞争对手，尼克松是如何获得这么多选票的。他还记得十三岁那年，当他在电视屏幕前观看选举前的政治辩论时，就被肯尼迪的气质深深地吸引了。

成年后的亚当斯依旧对尼克松抱有敌意，毕竟这个男人曾差点把他送去越南参战。当时，像多数哈佛大学的同学一样，亚当斯特别害怕被征召入伍，于是参加了许多反战示威游行。“水门事件”[1]发生后，罗纳德·里根（Ronald Reagan）就任总统，

1 “水门事件”是20世纪70年代发生在美国的一场政治丑闻。为取得民主党内部竞选策略的情报，美国共和党尼克松竞选班子潜入民主党办公大楼（水门大厦）偷拍文件并安放窃听器，结果当场被捕。这次事件导致总统尼克松遭到国会弹劾，一年多后被迫辞职。

尼克松则被描绘成了美国历史上最大的政治骗子。亚当斯越想越喜欢把尼克松的访华之旅谱成歌剧的点子……

于是，他开始一刻不停地思考和创作，花了两年时间才完成《尼克松在中国》的配乐。他组织的管弦乐团颇具20世纪30年代的摇摆乐队之风，包括四支萨克斯管和打击乐器。自幼年时他在祖父的舞厅里看过艾灵顿公爵[1]（Duke Ellington）及其乐队的表演后，爵士乐和流行乐就一直流淌在他的血液中。当这位爵士音乐家演奏钢琴时，亚当斯甚至有幸在他的身旁坐了一会儿。铜管乐器的力量给亚当斯留下了极为深刻的印象。至于艾灵顿公爵，他的人格魅力简直势不可当！他的欢乐、激情，以及他感染大众的方式始终令亚当斯惊叹不已。在他崇拜的音乐家里，既有莫扎特、瓦格纳、西贝柳斯[2]，又有迈尔斯·戴维斯[3]（Miles Davis）、披头士乐队（The Beatles）和吉米·亨德里克斯[4]（Jimi Hendrix）。这些人是他的向导，在他的创作

1　艾灵顿公爵（1899—1974）原名爱德华·肯尼迪·艾灵顿，是美国著名作曲家、钢琴家、乐队队长。

2　让·西贝柳斯（1865—1957）是芬兰作曲家，也是民族主义音乐和浪漫主义音乐晚期的重要代表。

3　迈尔斯·戴维斯（1926—1991）是美国爵士乐演奏家、小号手、作曲家、指挥家，也是20世纪最有影响力的音乐人之一。

4　吉米·亨德里克斯（1942—1970）是美国吉他手、歌手、作曲人，被公认为摇滚音乐史上最伟大的电吉他演奏者。

之路上引领着他。所以，亚当斯是在古典文化和通俗音乐的交替影响下锻造出自己的风格的。

1987 年 10 月 22 日晚，《尼克松在中国》将于休斯敦大歌剧院举行首演。亚当斯准备好了。乐团里的小提琴、中提琴及键盘乐器演奏出的一串串上行音阶为尼克松与毛泽东的会晤奠定了意识形态基调。接着，扮演毛主席的演员亮相了，其身边跟着三位女秘书，她们高声重复着领导人说的每一句话。两位领导人的交谈就此展开，中间穿插着一些玩笑话。与古典歌剧里那些身穿礼服、袜裤、有衬架支撑的女裙或宽松连衣裙的演员截然不同，这次的歌剧舞台上呈现的是一个个真实、鲜活的人物。

剧中的大部分台词都来源于 1972 年美国总统访华的官方史料，其中包含了尼克松的一些言论、毛泽东的讲话和诗词，以及周恩来的发言。在配乐方面，亚当斯还原了每个人人性化的一面，同时恰如其分地展现出了领导人的权威和自信。作为本剧的主角，尼克松尽管思维敏捷，但缺乏一定的谈话技巧，有时甚至难以理解毛泽东提及的一些历史或哲学典故。《尼克松在中国》将成为最受欢迎且上演次数最多的当代歌剧。首演后，该歌剧就上了布鲁克林、阿姆斯特丹、爱丁堡、洛杉矶、巴黎和法兰克福的排期表。作为一部刚问世的作品，其所受的关注度远超一般的歌剧。

亚当斯很喜欢这次的经历。不久，他将再次回归这种艺术表达形式。经过深思熟虑后，他认为自己作为作曲家是肩负着使命的。他想到了谴责过越南战争的约翰·列侬（John Lennon）。数以百万计的年轻人都曾潜心聆听他的反战歌曲，原因很简单：他们相信他，相信他的音乐。亚当斯认为，歌剧要想有未来，就必须探讨我们的生活，必须谈论那些与我们的生活息息相关的事物。

然而，当艺术作品涉及政治话题时，往往会招来非议。1990 年，亚当斯创作了一部名为《克林霍弗之死》（*The Death of Klinghoffer*）的歌剧，这部歌剧以一起备受关注的恐怖袭击事件为题材。五年前，意大利游轮阿基利·劳罗号在埃及海域被四名来自巴勒斯坦解放阵线的男子劫持。这些劫船者处决了一位患有截瘫的乘客，他是一名犹太裔美国公民，名叫利昂·克林霍弗（Leon Klinghoffer）。随后，他们将这名遇害者的尸体连同其轮椅一起丢进了海里。剧本的部分台词来自见证者（船长、一名瑞士籍老妪及其他人）的描述。歌剧以两首合唱曲开场，两组合唱演员分别扮演流亡在外的巴勒斯坦人和为躲避大屠杀而逃亡至巴勒斯坦的犹太人。通过让他们面对面，该歌剧把“阿基利·劳罗号劫船事件”放到了一个更宏大的历史背景中，即巴以冲突导致的集体悲剧。

然而，讲述正在发生的历史是带有一定风险的。由于题材过于敏感，在歌剧第一次上演时，亚当斯就成了不少反对者的攻击对象。他们认为这部作品有反犹太主义之嫌，一些人甚至要求禁演这部剧。最具争议的一幕是，伴随着一首以动人弦乐为背景的忧伤夜曲，劫船者中的一员述说起了一段段回忆，称自己从小就拿起了武器，还解释了自己在思想上走到今天这一步的原因。一部分公众表示不解：难道亚当斯站在了恐怖分子的一边吗？“当然不是。”每次被问到这个问题，他都不得不为自己澄清。他从未想过要向任何人发起挑衅。他强调自己只是试图审视这两个群体（恐怖分子和船上的乘客），看到双方人性的一面。“恐怖分子的行为是不可原谅的，”他解释道，“但他们终究只是人而已。”

亚当斯并没有因为这些争议而停止创作。他继续观察当代发生的事件，然后选择了一个给人们留下痛苦记忆的新主题。1995 年，他把一年前发生在洛杉矶市西北三十五公里处的大地震谱成了歌剧，剧本故事收录了幸存者的见闻。其标题《我朝屋顶望去，然后看到了天空》（*I Was Looking at the Ceiling and Then I Saw the Sky*）正是出自地震亲历者的一句描述。由于他的音乐比当代某些潮流音乐的协和程度更高，在某种意义上更易被大众所接受，亚当斯逐步成了一名能够同时吸引古典歌剧爱好者和流行乐忠实听众的作曲家。他的和声悦耳动听，配器丰富华丽并结合了大量打击乐器，难怪他会成为作品被演奏次数最多的当代作曲家。在这个严肃音乐和通俗音乐似乎注定不可调和的年代，亚当斯的作品给成千上万的乐迷带来了希望。他所作的音乐源自内心、发自肺腑，节奏感很强，仿佛有规律的脉动一般。此外，贯穿其作品的通常还有一些听起来熟悉、清新、简约、轻柔的乐曲片段。

他住在旧金山以北的田野和丘陵之间，其音乐就是其居住环境的写照。他把工作室建在了树林里（在他之前，马勒和西贝柳斯也这么做过），似乎是不想受到任何人的打扰，不想自己与乐谱之间的交流因任何原因而中断。他只在完全独处的时候才开始作曲。身处一望无际的巨杉之中，他会在寂静和孤独中沉思冥想很久，而一张张谱纸就散落在电子键盘和电脑屏幕周围。他用铅笔一点一点地填满乐稿上的空白，仿佛在驱逐有待征服的寂静。近三十年来，他一直在讲述美国历史的方方面面，同时还兼顾着其他作品的创作。

2001年9月11日上午八点四十六分，纽约曼哈顿区南部的天空骤然变得晦暗无光。一架飞机刚刚撞上世界贸易中心双子塔的北塔，美国遭遇了恐怖袭击。楼顶冒出滚滚浓烟，一个巨大的窟窿暴露在第九十三层至第九十九层之间。火势迅速蔓延，数十人被熊熊烈焰困在了顶层。然而，人们还没有意识到，更糟的情况即将到来。九点过后不久，第二架飞机撞上了双子塔的南塔。五十六分钟后，南塔坍塌。街上的人们满身都是尘埃，一边揉眼睛，一边惊慌失措地四下奔逃。还有一些人在成堆的瓦砾碎片中艰难地爬行着。

当纽约双子塔着火的画面在全球播出时，亚当斯正在伦敦指挥排练。所有前往美国的航班都停飞了。他必须在焦虑和沮丧中等待一周的时间，才能返回自己的国家。他透过影像资料远距离目睹着那些坐在废墟上哭泣的人们。四个月后，到了2002年1月，他接到了一通从美国东海岸打来的电话。纽约爱乐乐团的艺术总监问他是否愿意为纪念“九一一事件”的遇难者创作一部作品。亚当斯思索了一下：在美国20世纪的所有管弦乐曲目中，似乎还没有任何作品能够满足这一特殊历史时刻的需要。然而，一想到要把这地狱般的一天谱成乐曲，他的内心就充满恐惧。

伤口还未愈合，这场悲剧仍让美国人民心有余悸。双子塔倒塌、幸存者在毒尘瓦砾间艰难开辟生路的景象仍充斥在每个人的脑海里。没有人能回避这些画面。亚当斯觉得自己根本不可能成功，围绕这样的主题进行创作是不可能完成的任务。

他接着想：何不把爱国情怀和宗教元素写进这部作品中呢？“九一一事件”后，有很多人献血，也有不少艺术家围绕此主题写书。对亚当斯而言，作曲在此时似乎已成为一种义务，是他作为公民应当采取的行动。他知道纽约爱乐乐团之所以联系他，是想让他为所有美国人感同身受的情感发声。这次经历将带领他走向新的音乐境界。

该如何谱写一部具有纪念意义的作品呢？他没有任何头绪。是否该局限于陈述事实呢？毕竟在这种情况下，事实才是最有说服力的。这部作品被定名为《灵魂转世》（*On the Transmigration of Souls*），将从当事人的角度以一种印象派的方式来呈现“九一一事件”的恐怖。苦难本身已足够剧烈、深刻，无须由他赘述。现实无法逃避，想要否认或忽略它都是毫无意义的。不过，他想尽一切可能来避免煽情，因为他确信：只有最没品位的作曲家才会创作一首夸大这些痛苦情绪的作品。

亚当斯等待着灵感的出现。在开始创作的第一个月，他没有写下任何音符。他每天会花数小时在网上搜索与袭击事件有关的见证性描述，并仔细观察那些在袭击后的几天里拍摄的照片。此外，他还会阅读每天发表在《纽约时报》（*New York Times*）的专栏《悲恸的群像》（Portraits of Grief）里的文章。通过这一系列的报道，他了解到了那三千名遇难者的家属及亲友所透露的故事和细节："他以前每天都会给我打电话。直到现在，我还在等待电话铃响起。""我从一开始就爱着他……我想把他挖出来。我很清楚他被埋在什么地方。"一旦有灵光闪过或是出现顿悟的瞬间，他就会把脑袋里的想法记录下来。很快，这些都会成为其作品的一部分。亚当斯将利用这些语句打造一个文本，并用说和唱两种形式呈现出来。

2002 年 3 月，在袭击事件发生的六个月后，亚当斯决定穿越美国赶赴纽约，亲自到双子塔倒塌的地点去看一看。附近街道的墙上贴满了寻人启事——都是那些绝望的失踪者家属在悲剧发生的几小时后匆匆起草的，上面有失踪者的照片、姓名、外貌特征、联系电话以及几句简短却令人心碎的话语。随着时间的流逝，一些字迹已变得难以辨认。

华灯初上时，他录下了这座城市的声音。纽约似乎永无宁静，即使是在凌晨三点，这里依旧听得到车辆行驶的噪声、行人的脚步声和远处的警笛声。亚当斯把所有这些声音都剪辑到了一起，并在其中融入了人声。这些人声念出了遇难者的姓名，以及墙上的一些留言。这段录音将被纳入由管弦乐团演奏的音乐作品中。经过六个月的探索和创作，他终于迎来了向公众展示作品的时候。首演日期为 2002 年 9 月 19 日，距袭击发生已一年有余。这是一个非常特殊的夜晚。

除他以外，美国还没有其他知名作曲家碰触过如此新近、如此宏大的主题。这会是一首弥撒曲吗？还是安魂曲？都不是，但它的魅力是毋庸置疑的。这是一个“记忆空间”。关于创作意图，亚当斯在节目单上做了这样的描述：“每个人都可以通过聆听这部作品而获得一个与自己的思想、情绪独处的机会。”他想把音乐厅变成一座教堂，就像他在法国或意大利参观过的那些教堂一样。“举个例子，您一旦踏进沙特尔教堂[1]，就会感受到来自另一个世界的气息。即使您周围都是活生生的人，您依旧能感觉到自己正面对着世世代代的灵魂。”亚当斯解释道。

当《灵魂转世》响起的时候，听众立即可以体会到类似的感受。亚当斯之前录制的纽约市区内的噪声从四十多个小型扬声器中播放出来，在艾弗里·费雪厅[2]的广阔空间里回荡，起到了渲染气氛的作用。听众首先听到的是街道的声音：警笛声、汽车引擎声、人行道上的脚步声……仿佛音乐厅的隔音墙被穿透了一样。紧接着，录音里出现了一个男孩的声音。他不断地重复着“失踪……失踪……”，听起来就像在念叨咒语一般。

1 沙特尔教堂全称“沙特尔圣母主教座堂”，位于法国巴黎西南约七十公里处的沙特尔市。

2 艾弗里·费雪厅原名“爱乐厅”，位于美国纽约市，是林肯表演艺术中心的一部分。它是纽约爱乐乐团的主场地，拥有2738个座位。

这个萦绕耳畔的声音是亚当斯九岁的儿子发出的。最简单的话语往往有着最直击人心的力量。

在播放录音的同时，洛林·马泽尔[1]（Lorin Maazel）指挥乐团里的弦乐声部演奏出了一组柔婉的平行和弦。随后，木管乐器奏出的乐音越发地骚动不安，铜管乐器也越来越烦躁激动。整个乐团就像一名被吓坏的目击者一样在瑟瑟发抖。交织的人声呼唤着那些失踪者的名字。“我们爱你，奇克。”一个男孩说道。“我从一开始就爱着他……”童声合唱团在副歌里重复着一位失去挚爱的遇难者家属的原话。作品最后，成人合唱团的成员们以遇难者家属的口吻吟诵出了一长串死者名单：“胡安·加西亚……迈克尔·塔尔多尼奥……我的母亲……”乐曲在力量和速度上大幅衰减，逐渐变得静谧，从而体现了某种智慧。亚当斯没有向仇恨妥协。他希望自己的作品能够营造出一种平静安详的氛围，一种教堂里才有的氛围，以复制沙特尔教堂曾带给他的震撼，他做到了。

在为歌剧搜索素材的时候，一段袭击视频令他的内心久久不能平静。这段视频拍摄于第一架飞机撞到北塔的几分钟后。他仔细观察了每一帧画面：数百万片纸屑飘浮在摩天大

1　洛林·马泽尔（1930—2014）是法裔美籍指挥家，曾于2002—2009年担任纽约爱乐乐团的音乐总监。

厦的窗口附近，仿佛一场虚拟的暴风雪。这些漫天飞扬的文件、传真和表格的纸屑似乎就象征着所有逝去的生命。亚当斯想过要把这些飘落的纸屑写进自己的音乐，并以慢镜头的方式呈现一个几乎凝滞的画面。他果真按照这个想法去做了。在这部作品里，静态的、悬浮的、时而迟钝的旋律与忧郁伤感的和声相互交融。录音内容与乐团的现场演奏重叠在一起，构成了一种朦胧的音效，不禁让人联想到了爆炸产生的烟雾和灰烬。

那一晚，亚当斯透过音乐与美国人民促膝而谈。他创作的这部作品反映出了一种大智慧。他的音乐并不以治愈国家为目的。亚当斯反复强调，仅凭一件艺术作品是永远无法让人忘掉这场悲剧的。翌日，《纽约时报》给予了该作品很高的评价，称其曲风凄美，简洁明快的调性与厚重而焦躁的管弦乐和弦得到了巧妙的融合。总之，这部以“九一一事件”为主题的音乐作品给人留下了极为深刻的印象。在它问世的七个月后，亚当斯获得了普利策奖[1]——或许是因为那些听过这部作品的人从中听到了某些在变化万千的世界中留存下来的声音。

1　普利策奖是美国为表彰新闻、文学、历史和音乐四大领域中的杰出报道和作品而设的奖项，被誉为新闻界的“奥斯卡金像奖”。

参考文献

Lully

Barthélemy, Maurice, *Métamorphoses de l'opéra au siècle des Lumières*, Actes Sud, 1990.

Borel, Vincent, *Jean-Baptiste Lully*, Actes Sud, 2007.

Félibien, André, *Les Fêtes de Versailles*, Le Promeneur, 2012.

Hennebelle, David, *De Lully à Mozart. Aristocratie, musique et musiciens à Paris (XVIIe- XVIIIe siècles)*, Champ Vallon, 2009.

La Gorce, Jérôme de, *Jean-Baptiste Lully*, Fayard, 2002.

Waeber, Jacqueline, *Musique et geste en France de Lully à la Révolution. Études sur la musique, le théâtre et la danse*, Peter Lang, 2009.

Bach

Basso, Alberto, *Jean-Sébastien Bach*, Fayard, 1984.

Cantagrel, Gilles, *Bach en son temps*, Fayard, 1997.

——, *Bach. Passions, messes et motets*, Fayard, 2011.

Dermoncourt, Bertrand (dir.), *Tout Bach*, Robert Laffont, 2009.

Harnoncourt, Nikolaus, *Le Dialogue musical. Monteverdi, Bach et Mozart*, Gallimard, 1985.

Marshall, Peter, *1517. Luther and the Invention of the Reformation*, Oxford University Press, 2017.

Mozart

Autexier, Philippe Alexandre, *La Lyre maçonne. Mozart, Haydn, Spohr, Liszt*, Detrad, 1997.

Blot, Jean, *Mozart,* Gallimard, 2008.

Chailley, Jacques, *La Flûte enchantée. Opéra maçonnique*, Robert Laffont, 1991.

Chaillier, Éric, *La Flûte enchantée. Opéra merveilleux et multiple*, Fayard, 2017.

Dermoncourt, Bertrand (dir.), *Dictionnaire Mozart*, Robert Laffont, 2005.

Gobry, Ivan, *Mozart et la mort*, Le Fennec Éditeur, 1994.

Massin, Jean et Brigitte, *Wolfgang Amadeus Mozart*, Fayard, 1982.

Mozart, Wolfgang Amadeus, *Correspondance complète*, trad. par Geneviève Geffray, Flammarion, 2011.

Robbins Landon, Howard Chandler, *Mozart et les francs-maçons. Le mystère de la loge à l'espérance couronnée*, trad. par Dennis Collins, Thames & Hudson, 1991.

——, *1791. La dernière année de Mozart*, trad. par Dennis Collins, Fayard, 2005.

Stricker, Rémy, *Mozart et ses opéras. Fiction et vérité,* Gallimard, 1987.

Gossec

Kaltenecker, Martin, L*a Rumeur des batailles. La musique au tournant des XVIII*[e] *et XIX*[e] *siècles*, Fayard, 2000.

Place, Adélaïde de, *La Vie musicale en France au temps de la Révolution*, Fayard, 1989.

Role, Claude, François-Joseph Gossec (1734-1829). *Un musicien à Paris, de l'Ancien Régime au roi Charles X*, L'Harmattan, 2015.

Thibaut, Walter, *François-Joseph Gossec, chantre de la Révolution française*, Institut Jules-Destrée, 1970.

Tiersot, Julien, *Les Fêtes et les chants de la Révolution française*, Hachette, 1908.

Beethoven

Beethoven, Ludwig van, *Cahiers de conversation de Beethoven*, trad. par Jacques-Gabriel Prod'homme, Buchet Chastel, 2015.

Boucourechliev, André, *Essai sur Beethoven*, Actes Sud, 1991.

Brisson, Élisabeth, *Beethoven*, Ellipses, 2016.

Chion, Michel, *La Symphonie à l'époque romantique. De Beethoven à Mahler*, Fayard, 1994.

Rolland, Romain, *Vie de Beethoven*, Bartillat, (1903) 2015.

Solomon, Maynard, *Beethoven*, Fayard, 2003.

Berlioz

Barraud, Henry, *Hector Berlioz*, Fayard, 1979.

Berlioz, Hector, *À travers chants*, Gründ, (1864) 1971.

——, *Traité d'instrumentation et d'orchestration*, Éditions Henry Lemoine, 1994.

——, *Correspondance*, Flammarion, 2001.

——, *Mémoires*, Flammarion, 2010.

Pourtalès, Guy de, *Berlioz et l'Europe romantique*, Gallimard, (1939) 1979.

Rudent, Catherine, Pistone, Danièle, *Berlioz hier et aujourd'hui*, L'Harmattan, 2003.

Stricker, Rémy, *Berlioz dramaturge*, Gallimard, 2003.

Verdi

Gefen, Gérard, *Verdi par Verdi*, textes choisis, L'Archipel, 2001.

Labie, Jean-François, *Le Cas Verdi*, Fayard, 2001.

Milza, Pierre, *Verdi et son temps*, Perrin, 2002.

Orcel, Michel, *Verdi. La vie, le mélodrame*, Grasset, 2001.

Phillips-Matz, Mary Jane, *Giuseppe Verdi,* Fayard, 1996.

Tubeuf, André, *Verdi. De vive voix*, Actes Sud, « Classica », 2010.

Debussy

Barraqué, Jean, *Debussy*, Seuil, « Solfèges », 1962.

Debussy, Claude, *Monsieur Croche et autres écrits*, François Lesure (éd.), Gallimard, 1971.

——, *Correspondance*, sélection par François Lesure, Hermann, 1993.

——, *Correspondance*, édition établie par François Lesure et Denis Herlin, Gallimard, 2005.

Gautier, Jean-François, *Claude Debussy. La musique et le mouvant*, Actes Sud, 1997.

Koechlin, Charles, *Debussy*, Laurens, 1927.

Lesure, François, *Claude Debussy. Biographie critique*, Klincksieck, 1994.

Lockspeiser, Edward, *Claude Debussy. Sa vie et sa pensée*, trad. par Léo Dilé, suivi de *Analyse de l'œuvre*, par Harry Halbreich, Fayard, 1980.

Schaeffner, André, *Essais de musicologie et autres fantaisies*, Le Sycomore, 1980.

Tiersot, Julien, *Claude Debussy. Un demi-siècle de musique française (1870-1919)*, Alcan, 1924.

Strauss

Ashley, Tim, *Richard Strauss*, Phaidon Press Limited, « 20th-Century Composers », 1999.

Huynh, Pascal, *La Musique sous la république de Weimar*, Fayard, 1998.

Kennedy, Michael, *Richard Strauss. L'homme, le musicien, l'énigme*, trad. par Odile Demange, Fayard, 2001.

Strauss, Richard, *Anecdotes et souvenirs*, trad. par Pierre Meylan et Jean Schneider, Éditions de Cervin, 1951.

Tubeuf, André, *Richard Strauss ou le Voyageur et son ombre*, Albin Michel, 1980.

Chostakovitch

Barilier, Étienne, *Exil et musique*, Fayard, 2018.

Chostakovitch, Dimitri, *Lettres à un ami. Correspondance avec Isaac Glikman (1941-1975)*, Albin Michel, 1994.

Dermoncourt, Bertrand, *Dimitri Chostakovitch,* Actes Sud, 2006.

Meyer, Krzysztof, *Dimitri Chostakovitch*, Fayard, 1994.

Volkov, Solomon, *Chostakovitch et Staline. L'artiste et le tsar*, trad. par Anne-Marie Tatsis-Botton, Éditions du Rocher, 2005.

Klein

Adler, Hans Günther, *Theresienstadt (1941-1945)*, trad. en anglais par Belinda Cooper, Cambridge University Press, 2017.

Benesova, Miroslava, *La Petite Forteresse de Terezin (1940-1945)*, V. Raji, 1997.

Blodig, Vojtech, *Terezin, Litomerice. Lieux de souffrance et d'héroïsme*, V. Raji, 2003.

Carrieri, Alessandro, *Lagermusik e resistenza. Viktor Ullmann e Gideon Klein a Theresienstadt*, Silvio Zamorani Editore, 2013.

Ehrmann, Frantisek, Heitlinger, Otta, Iltis, Rudolf, *Terezin*, album souvenir, Conseil de communautés religieuses juives, Prague, 1965.

Karas, Joža, *La Musique à Terezin (1941-1945)*, trad. par George Schneider, Gallimard, « Le Messager », 1993.

Slavicky, Milan, Gideon Klein. *A Fragment of Life and Work*, Helvetica Tempora Publishers, 1995.

Ullmann, Viktor, *26 Kritiken über musikalische Veranstaltungen in Theresienstadt*, Ingo Schultz, 1993.

Theodorakis

Archimandritis, Yorgos, *Mikis Theodorakis par lui-même*, trad. par

Anne-Laure Brisac et Florence Lozet, Actes Sud, 2011.

Coubard, Jacques, *Mikis Theodorakis ou la Grèce entre le rêve et le cauchemar*, Julliard, 1969.

Pierrat, Gérard, *Theodorakis. Le roman d'une musique populaire*, Albin Michel, 1976.

Theodorakis, Mikis, *Journal de résistance*, trad. par Jean Criticos et Pierre Comberousse, Flammarion, 1971.

——, *Les Fiancés de Pénélope*, Grasset, 1975.

——, *Les Chemins de l'archange*, trad. par Pierre Comberousse, Belfond, 1989.

Adams

Adams, John, *Hallelujah Junction. Composing an American Life*, Faber and Faber, 2008.

——, *Nixon in China*, opéra en trois actes, Premières Loges, « L'Avant-Scène opéra », 2012.

Machart, Renaud, *John Adams*, Actes Sud, 2004.

May, Thomas, *The John Adams Reader. Essential Writings of an American Composer*, Amadeus Press, 2006.

致谢

衷心感谢塔朗迪耶出版社（Éditions Tallandier）的编辑部主任多米妮克·米西卡（Dominique Missika）女士对我的信任。

感谢科斯塔－加夫拉斯先生向我讲述了特奥多拉基斯的经历；感谢亚娜·克莱诺娃（Jana Kleinova）女士为我提供了吉德翁·克莱因的相关资料；感谢巴黎共济会博物馆的罗南·洛阿埃克（Ronan Löaec）先生、皮埃尔·莫利耶（Pierre Mollier）先生及维也纳共济会博物馆的彼得·巴克－韦加（Peter Back-Vega）先生，他们向我介绍了莫扎特作为共济会会员时的经历。

此外，我还要感谢米歇尔·努瓦雷（Michel Noiray）先生和卡罗尔·贝法（Karol Beffa）女士向我提出的宝贵意见和建议。

最后，感谢乔治·马科夫斯基（Georges Makowski）先生、弗洛朗·佩基奥（Florent Pecchio）先生、奥德·勒鲁瓦（Aude Leroy）女士及克莱芒·勒戈夫（Clément Le Goff）先生为本书所做的审校工作。